ThéoTEX
Site internet : theotex.org
Courriel : theotex@gmail.com

© 2023, Théophile Geisendorf
Édition : BoD – Books on Demand, info@bod.fr
Impression : BoD – Books on Demand,
In de Tarpen 42, Norderstedt (Allemagne)
Impression à la demande
b : 978-2-3224-5256-9
Dpôt lgal : Janvier 2023

Première de couverture :
Médaillon du céramiste Francesco della Robbia (1477–1527) représentant Savonarole.

Jérôme Savonarole chevalier du Christ

Théophile Geisendorf

1943

ThéoTeX
— 2023 —

Avant-Propos

> L'espérance est venue, étincelante de splendeur divine ; elle a souri et elle a dit : « Allons, Chevalier du Christ !... »
> Dernière méditation sur le psaume
> *In te Domine speravi.*

Parmi les grandes figures qui prirent ou prendront place dans la galerie des « Vainqueurs », il en est peu d'aussi mal connues (de plus méconnues serait mieux dire) que celle de Jérôme SAVONAROLE.

Aux voyageurs innombrables qui, naguère, traversaient hâtivement l'exquise *Cité des Fleurs*, ce nom n'a jamais inspiré qu'un intérêt lointain. Ils n'ouïrent parler du *Frate* qu'à titre de moine en révolte, d'iconoclaste forcené ou même, ce qui est tout aussi inexact, de précurseur du libéralisme moderne.

Quand, pour se mieux instruire, ils recouraient à un guide érudit — nommons à titre d'exemple André MAUREL, l'auteur de *Quinze jours à Florence* — leurs informations ne laissaient pas d'être assez singulières :

« ... Après avoir demandé la Réforme de l'Église », écrivait cet arbitre du goût, « après n'avoir failli n'être qu'un Luther (sic), Savonarole devient un Rienzi. Il souffle sur Florence la peste de sa frénésie. Il écume de rage, poursuivant farouchement tout ce qui va gêner l'épanouissement de son étroit souci ecclésiastique, de sa petite affaire personnelle… Il pleure, il hurle. Et, ne sachant plus qu'inventer, finit par danser sur la place San Marco. Il ne lui restera, pour sauver la face, qu'à devenir martyr. On lui fit la charité de le brûler vif…. »

Ainsi, l'une des plus pures gloires de son siècle, l'un des grands caractères de l'histoire n'est autre qu'un hystérique « divaguant et délirant tout haut… » En fait de délire et de divagation, on aurait peine à trouver mieux que cette prose ! Pourquoi faut-il qu'en présence d'une aussi noble personnalité des hommes intelligents perdent à ce point le sens de la mesure ?

De plus — chose troublante — bien rares, pour ne pas dire inexistants sont aujourd'hui, sous une forme populaire, les ouvrages impartiaux qui, non seulement redressent de tels jugements mais veulent mettre en lumière les sources auxquelles a puisé le génie d'un des grands inspirés. Pour cette raison et par souci de justice, il nous a paru nécessaire de nous pencher à notre tour sur cette ombre du passé. La faire revivre, si possible, dans son cadre et son temps, tel a été notre but.

Mais ce n'est pas aux touristes seuls ni aux admirateurs de l'attachante et complexe Florence que nous avons pensé. Nos jeunes, semble-t-il, ont plus que jamais besoin d'approcher ces natures d'élite que leur conscience a dressées contre les puissants du jour. L'incarnation d'une inflexible volonté et du courage le plus rare — le courage moral leur apportera sans doute un puissant réconfort.

Toutefois — on tient à le dire hautement — le présent opuscule ne prétend à aucun titre renouveler l'histoire d'un homme et d'une époque.

Pour présenter quelque chose de nouveau sur le *Quattrocento* et sur *Fra Girolamo*, il faudrait être à la taille d'un Jacob Burckhardt, d'un Eugène Müntz ou d'un Philippe Monnier. Or, l'auteur ne veut pas se donner ici le ridicule d'une comparaison. Ce qu'il a voulu faire, c'est transformer en menue monnaie le capital imposant des recherches et souvent des découvertes opérées par les fouilleurs d'archives. On peut, d'après la bibliographie du sujet, voir à quel point abonde la matière.

Si la Bibliothèque nationale de Florence n'a pu être épuisée par nous, du moins la fréquentation des lieux — la cité de l'Arno, cela va de soi, puis Ferrare et Bologne — a-t-elle ajouté un peu de couleur au tableau. Et si la lecture de ces pages paraît moins absorbante que celle des Perrens, des Villari, des Roeder ou des Schnitzer (copieux auteurs dont l'appareil documentaire est particulièrement solide), on le devra sans conteste au soin avec lequel ces biographes ont, avant nous, exploré toutes les avenues. Nous leur devons l'essentiel du récit qui va suivre.

Par bonheur, on est aujourd'hui suffisamment renseigné et l'on dispose d'un recul assez grand pour esquisser du héros un portrait point trop invraisemblable. Peut-être nous reprochera-t-on l'évidente sympathie que celui-ci respire. N'est-ce pas, après tout, l'un des moyens de mieux comprendre l'homme et d'en bien saisir les mobiles ?

Ce travail était presque achevé lorsque la rancune d'un homme politique jeta brusquement l'Italie contre la France écrasée. Ce jour-là, ce texte fut avec douleur relégué au fond d'un tiroir et le tiroir fermé à double tour. Mais, le 25 juillet 1943, comme par enchantement, ces pages en ressortirent, non, certes, pour satisfaire à l'actualité, mais pour aider à la juste compréhension d'un peuple qui, trop souvent, manqua de chefs de la hauteur du Frate.

L'heure est grave pour la patrie de Savonarole. Aux guides qu'elle choisira, aux exemples qu'elle suivra, à l'esprit qui l'inspirera, on pourra juger de ses possibilités à venir. Or, ceux qui l'aiment voudraient la voir accomplir à nouveau la tâche que, dans sa prescience, entrevoyait pour elle le Prieur de Saint-Marc.

Du plus sombre des drames peuvent surgir aujourd'hui les clartés qui éclairent une route et subliment un destin. L'Italie a donné au monde les exemples d'humilité d'un *Poverello*, d'intégrité d'un *Frère Jérôme* et d'intrépide fermeté d'un Josué JANAVEL. Or cette Italie-là a droit à notre affection et à notre reconnaissance. Mieux encore, grâce à des hommes de cette trempe, elle justifie tous les espoirs.

Novembre 1943.

I
Seul au milieu des hommes

> Prologue. — Enfance et jeunesse austères. — L'adieu au siècle. — Les raisons d'un départ

Prologue.

— Hé, Girolamo ! A quoi rêves-tu donc ? Vas-tu fuir ton prochain ? Per Dio, tu sembles, avec ton air morose, vouloir mener le diable en terre ! Pourquoi, dans l'allégresse, ne pas défiler avec nous devant le palais ducal ? Songes-y : la jeunesse n'a qu'un temps !…

A cet appel d'un adolescent à chevelure blonde, portant, ainsi qu'on le fait à la confrérie de Saint-Georges, chausses de couleur et rutilant pourpoint, un autre adolescent va répondre. Ses traits un peu lourds s'animent à peine. Le regard baissé et d'un geste las :

— Rien de ce que tu m'offres ne m'attire, murmure-t-il. Ces futilités, je te les laisse. D'autres désirs me hantent. N'insiste pas…

— A ton aise, triste songe-creux ! Plonge-toi dans tes grimoires et retourne à tes patenôtres. Mais, je te le rappelle : *Chi fa l'angelo fa la bestia !*…

Aussitôt, quittant la cour de l'université pour gagner par la *via Sienze* deux quartiers différents de la vieille cité princière, les interlocuteurs se séparent : l'un court à la fête, toujours populaire, des *Arme di San Giorgio*, l'autre gagne les remparts, où il s'en ira rêver solitaire [a].

Enfance et jeunesse austères.

Une misanthropie précoce aurait-elle pour raison suffisante, comme le laisse entendre un brillant auteur contemporain, la tendance à l'isolement ? Peut-elle seule expliquer le goût forcené de l'étude et, subsidiairement, l'ardeur d'une vocation monacale ?...

Davantage encore, l'enveloppe extérieure saurait-elle justifier, à côté d'un caractère peu sociable, une nature aux réactions passionnées, disons même violentes ? « Laid, d'une laideur agressive et douloureuse » (ce sont les termes de Marcel Brion), Girolamo résumait en sa personne une double hérédité, à la fois corporelle et morale. De son père, Nicolas Savonarole, être médiocre et sans élan, il avait le front bas, les lèvres épaisses ; de sa mère, née Hélène BUONACCORSI, femme de cœur et de jugement sain, ce nez busqué, ce menton proéminent et surtout ces yeux sombres, d'où parfois semblaient jaillir des flammes.

Troisième fils de petits bourgeois originaires de Padoue, moins riches en ducats qu'en enfants (ils en avaient eu sept) et qu'on savait assez entichés d'alliances nobiliaires, le héros de ce récit, Jérôme Savonarole, était né à Ferrare, le 21 septembre 1452. De son grand-père paternel, il tenait un goût prononcé pour les œuvres de l'esprit ; l'aïeul, en effet, avait été professeur à l'université et médecin particulier du duc Nicolas d'Este, alors souverain sur ce territoire de

---

a. Marcel BRION. *Laurent le Magnifique*.

l'Italie du Nord. Il entendait que son petit-fils, lui aussi, suivît les disciplines que portèrent si haut Hippocrate et Gallien et, par sa vive intelligence, jetât sur la famille un lustre que ne semblaient guère assurer ses frères aînés moins bien doués ou plus indolents.

Jusqu'à l'âge de seize ans, Jérôme, enfant grave et concentré, n'avait point résisté aux visées familiales. Mais, à vrai dire, la philosophie l'attirait plus que l'art médical. Timide, studieux, on l'avait vu grandir parmi les livres et se mêler rarement aux jeunes gens de son âge. Une sagesse instinctive et peu commune, doublée de réserve à l'égard du monde et de défiance pour ses plaisirs, lui faisait rechercher le recueillement des églises ou la tranquillité des champs.

Ferrare, dans la plaine que féconde le Pô, est environnée de campagnes fertiles, habilement distribuées en enclos où poussent blés et maïs. Ce sont, à l'entour, des terres basses qu'encadrent les vignes accrochées aux troncs d'arbres. Des sentiers les traversent, favorables aux longues promenades auxquelles se plaisait l'adolescent épris de solitude. Un autre livre que celui de la nature le fascinait aussi : la Bible, où son imagination fulgurante et son cœur avide de réalités trouvaient leur aliment.

Lorsque mourut l'aïeul, qui avait su lui communiquer sa piété vivante et son goût du savoir, le moment vint de songer aux études supérieures. Sans posséder l'éclat de Bologne, son ancienne et très illustre voisine, l'université de Ferrare ne manquait pas de maîtres capables. Mais l'on s'y complaisait aux viandes creuses de la scolastique, et les rivalités du corps professoral ne présentaient aucun attrait pour l'âme ardente du jeune étudiant. Bientôt déçu, voire écœuré par un enseignement superficiel et désuet, de plus atteint momentanément dans sa santé, Jérôme ne tarda pas à délaisser les auditoires de lettres et de sciences.

Pour aider à son rétablissement et chasser une humeur quelque peu chagrine, on lui conseilla de se distraire. Et, certes, les occasions ne lui manquaient pas : on l'a vu tout à l'heure ! Des fêtes somptueuses auxquelles se plaisait la famille régnante — les Borso d'Este — portaient au loin la réputation de Ferrare.

Cette ville aux larges artères, où s'alignent encore bien des palais célèbres, telle la maison des Diamants ou celle du Paradis qu'habita l'Arioste, se piquait d'être un centre de culture et d'élégance. Siège d'une cour assez dissipée qui faisait de la *Schifanoia*, château de plaisance de la maison ducale, un lieu de divertissements raffinés, la petite capitale offrait à la jeunesse tout ce qu'il faut pour s'étourdir — et aussi pour se perdre. Conduit au palais par des parents qui souhaitaient trouver pour lui quelque emploi à la cour, Jérôme fut violemment rebuté par la dissipation dont il était témoin et froissé par le déploie, ment d'un luxe à ses yeux inutile et coupable. Il refusa d'y retourner. D'ailleurs, conscient de sa gaucherie et paralysé par une invincible timidité, il possédait si peu d'amis qu'il n'eut même pas à subir leurs entraînements.

Sa seule passion était la musique, son compagnon préféré le luth. Mais, à cet âge, le cœur s'éveille et, du fait même qu'il ne s'est pas dispersé, imprime à ses affections des violences inattendues. Sans transition, le solitaire inclina à la sociabilité, on peut même dire à la tendresse.

Un jour, de l'autre côté de la rue où se dresse encore, solidement construite en briques rouges, la Casa Savonarola, Jérôme remarqua, derrière les grilles de sa fenêtre, une adolescente en fleur. On la disait exilée de Florence avec son père, le comte Robert, membre de l'illustre famille des Strozzi ; elle n'était d'ailleurs que sa fille naturelle. Des conversations furent engagées. Des sourires s'échangèrent. Peu a peu naquit un sentiment qui, de l'étudiant gauche et farouche, fit un amoureux passionné. Toujours entier, toujours impétueux, Jérôme crut le moment venu de prétendre à la main de l'étrangère. Certain soir, de son poste de guet, il déclara sa flamme à Laodamia et lui offrit de la conduire *all'altare*. Mais, d'un geste plein de dédain, l'orgueilleuse enfant fit aussitôt comprendre l'impossibilité d'une alliance entre une famille comtale et celle qui sentait encore la roture :

— Une Strozzi peut-elle s'unir à un Savonarole ?…

— Et toi, t'imagines-tu qu'un Savonarole permettrait à l'un des siens d'épouser une bâtarde ? riposta, avec plus de colère que de logique, l'amoureux éconduit.

Et, dépité de voir s'écrouler son rêve, Jérôme referma violemment les battants d'une fenêtre sans volets… Ce fut la fin de l'idylle.

L'adieu au siècle.

Pas plus qu'à la laideur, il ne faut attribuer à une déconvenue sentimentale l'orientation de toute une carrière. Jérôme repoussé par sa belle en éprouva du chagrin, certes ! Mais une passion plus durable allait naître dont les racines apparaissent déjà.

Puisque ni la science ni l'amour ne l'avaient satisfait, un autre domaine ne lui était-il pas réservé ? Trouver enfin la paix intérieure, comme, avant lui, l'avaient trouvée un Saul de Tarse ou un saint Augustin, telle serait sa destinée. Semblable paix ne s'acquiert qu'au prix de durs combats : on peut donc imaginer les alternatives de découragement et d'espoir, les soupirs de mélancolie et les irrépressibles élans qui se succédaient en son âme.

Avec la musique, la poésie devint son refuge. Un poème, *la Faillite du Monde*, révèle ses sentiments sur l'universelle corruption :

> … Une espérance au moins me reste
> Dans un monde meilleur, on verra clairement
> Ceux dont l'âme était fière et dont le noble élan
> Les emportait très haut…

Par malheur, aux aspirations de cette nature ardente s'opposaient toutes les tendances du siècle, toutes ses turpitudes :

> Questo mondo pien d'inganni
> Pien di vizi e pien di fraude…

écrivait-il encore sous la forme poétique chère aux adolescents.

Jérôme stigmatisera donc ces mensonges, ces vices et ces fraudes dans un autre traité intitulé, celui-là, *le Mépris de ce Monde* : «… Étudiez-vous la philosophie et les beaux-arts ? Vous ferez figure de rêveur ! Vivez-vous chaste et modeste ? Vous passerez pour un imbécile ! Êtes-vous pieux ? C'est que vous êtes malhonnête. Mettez-vous votre foi en Dieu ? Alors vous n'êtes qu'un simple d'esprit. Pratiquez-vous la charité ? Vous n'êtes qu'un efféminé !… »

Chaque jour s'accentuait cette radicale opposition entre ceux qu'emporte le train d'ici-bas et ceux qui veulent suivre le maître doux et humble de cœur. « L'irrésistible désir d'une patrie céleste brûlait dans mon âme », écrira-t-il plus tard. « Je résolus de servir notre Seigneur Jésus-Christ exclusivement… »

Les pressants appels d'un moine augustin entendus en 1474 à Faenza, petite cité romagnole, devaient affermir encore cette résolution : « Sors de ton pays, abandonne ta maison, ta patrie et tout ce que tu as... », tel était le texte développé par le prédicateur. Et cette vocation assignée par Dieu à Abraham, le jeune homme devait se l'appliquer étroitement à lui-même. Cependant, il n'osait encore parler aux siens de rompre avec le siècle.

La crainte de les affliger, le déclin de l'aisance familiale, des inquiétudes au sujet d'un frère plus jeune, autant de raisons pour ajourner un dénouement qu'il jugeait irrévocable. Donna Elena seule le pressentait, instruite par ces intuitions telles qu'en ont les mères aimantes. Certain soir, où, dans la chambre silencieuse, son fils cherchait apaisement auprès de son luth, une vibration particulière des cordes et de sa voix révéla brusquement le travail qui s'était fait en lui :

— Mon fils, s'écria-t-elle, ton chant semble être le signal de la séparation !...

Le lendemain, fête de la *Contrade* qui, aujourd'hui encore, par ses brillantes cavalcades, met Ferrare en liesse, tandis qu'au son des cloches déchaînées et à la fauve lueur des feux de joie, sa famille se mêlait à la foule enthousiaste, Jérôme, resté seul au logis, en disparut sans bruit.

Les raisons d'un départ.

Le troisième jour seulement, une lettre. Elle venait de Bologne, où le jeune homme s'était rendu à pied pour solliciter, à titre de simple novice, son admission au couvent des Dominicains. « ... Cher et honorable père », écrivait-il, « Je sais que vous souffrez grandement de mon départ ; je sais que je vous ai blessé en m'en allant si secrètement et, pour ainsi dire, en m'enfuyant loin de vous ; sachez aussi que tels étaient mon chagrin et mon désespoir de me séparer de vous que, si je les eusse montrés avant de m'éloigner, mon cœur se serait brisé et que j'aurais été empêché d'agir... »

A cet aveu, on devine une âme sensible, et non l'être âpre et dur que certains croient pouvoir dénoncer. Un motif impérieux lui était apparu, l'obligeant à surmonter de justes scrupules : « La raison qui me pousse à entrer en religion est celle-ci : d'abord la grande misère du monde, l'iniquité des hommes, la concupiscence, les adultères, les brigandages, l'orgueil, l'idolâtrie, les blasphèmes cruels qui ont tant avili le siècle qu'on ne saurait trouver un seul homme de bien... Résolu à vivre comme une créature raisonnable et non comme une bête parmi les pourceaux » (certains ont traduit : comme une vache parmi les cochons), « Je n'ai plus pu souffrir la méchanceté des peuples aveugles d'Italie. C'était là, en ce monde, ma douleur la plus grande... »

Pareille décision n'est ni un abandon ni un acte de lâcheté. Face au péché de ses frères, cet homme, aujourd'hui majeur (il vient d'avoir vingt-deux ans), se sent appelé à une réparation efficace par la prière et par l'action. « Notre Seigneur a daigné faire de votre fils un de ses chevaliers militants. N'est-ce point, mon très cher père, un grand honneur que d'avoir un fils au service de Jésus-Christ[a] ? »

Et comme, en dépit de ce zèle pour le ciel, il n'oublie pas ceux auxquels il doit tout : « Il ne me reste plus qu'à vous demander, en tant qu'homme, de consoler ma mère, et à laisser mes frères et sœurs à vos bons soins. Je vous conjure de me donner tous deux

---

a. D'après BURLAMACCHI, *Vila di G. Savonarole*.

votre bénédiction et je prierai toujours avec ferveur pour le salut de vos âmes… »

Puis, signalant à son père un manuscrit « laissé derrière les livres qui sont rangés près de la fenêtre », Jérôme précise encore la position qui désormais sera la sienne et veut en quelque sorte exposer le programme de sa vie. Comparant les cités qu'il connaît à Sodome et à Gomorrhe, le voici qui s'exclame :

« … Il n'y a point de juste, pas même un seul ! C'est aux enfants en bas âge et aux femmes de basse condition de nous instruire : seuls, ils ont conservé une ombre d'innocence.

Les bons sont opprimés et la nation italienne est devenue semblable aux Égyptiens qui tenaient le peuple de Dieu dans la servitude. Déjà les disettes, les inondations, les maladies et d'autres signes nombreux présagent les fléaux à venir et annoncent la colère de Dieu.

Ouvre, ô Seigneur, ouvre de nouveau un passage à travers les eaux de la Mer Rouge et, dans les flots de ta fureur, daigne engloutir tous les impies ! … »

Dira-t-on que déjà s'annonce comme vengeur de Dieu celui que le spectacle de l'universelle corruption a conduit à rompre avec la communauté des hommes ? Non, mais un sentiment d'amertume, assez courant chez les jeunes qu'a déçus le train de ce monde, semble, pour l'instant, dominer sa pensée.

Soumis à son destin, mais incapable de comprendre de telles aspirations, de plus, déconcerté d'un aussi brusque parti, Nicolas Savonarole annota de quelques mots le traité du *Mépris du Monde* que lui avait légué le fils disparu : « Il me laisse à moi, son père, pour mon réconfort, les exhortations ci-jointes... »

Puis, en face de la date de naissance de Jérôme — 21 septembre 1452 —, il inscrivit avec soin celle du 25 avril 1475, car elle marquait la fin d'une vie familiale, au cours de laquelle il n'avait discerné ni les besoins ni l'envol d'une nature passionnée d'idéal.

Quant à Donna Elena, on la vit, des années durant, pleurer la perte de ce fils qu'elle se reprochait de n'avoir su garder. Longtemps inconsolables, ces parents au jugement un peu court poursuivront de leurs doléances celui qui vient de rompre avec eux tout lien. Jusqu'au jour où, crainte de se sentir ébranlé dans sa vocation, Girolamo leur écrira avec une dureté voulue :

« Aveugles que vous êtes ! Pourquoi pleurer, pourquoi vous lamenter ? Alors que vous devriez réagir et exulter, vous ne faites que me gêner. Que puis-je vous dire, si vous vous affligez, sinon que vous êtes mes pires adversaires !... Avec l'Écriture, je vous déclare : Éloignez-vous de moi, vous tous qui faites le mal !... » *Discedite a me omnes qui operamini iniquitatem...*

II
Les sept années au désert

> Zèle d'un novice. — Les bases de la foi. — La dure conquête de l'éloquence. — La revanche. — De Ferrare à Florence

Zèle d'un novice.

Jérôme venait de rompre sans retour avec le milieu qui l'avait vu, solitaire et farouche, se détacher lentement de lui. Pour abriter sa vocation nouvelle, il aurait pu trouver à Ferrare un établissement de frères prêcheurs dédié à Sainte-Marie des Anges. Mais, estimant sans doute que la ville où résidaient les siens ne pouvait lui assurer la paix dont son âme avait soif, il préféra Bologne, où saint Dominique avait rendu célèbre l'institution qui porte son nom. A Bologne, en effet, était mort, cent cinquante ans plus tôt, le grand pourfendeur d'hérétiques, et l'église San Domenico se targue de ses restes conservés dans le sarcophage qu'a sculpté le Pisano : on s'explique sans peine que l'exemple d'ascétisme et d'éloquence, parfois de zèle cruel donné par cet Espagnol implacable, ait attiré le jeune Ferrarais avide de sainteté.

Ce couvent était l'un des plus florissants de l'Ordre, car, sous une direction ferme et éclairée, il offrait à ses hôtes un cycle de quatre années d'études (deux de logique et deux de sciences naturelles) au cours desquelles on se familiarisait autant avec la métaphysique d'Aristote qu'avec la théologie thomiste. L'étude des Saintes Écritures y demeurait vivante ; on trouvait là une école d'exégèse confiée à un lecteur de la Bible ou *lector principalis*, chef de la vie spirituelle, qu'assistaient des moniteurs appelés *baccalarii*. A ce moment, ce lecteur était un père Dominique, de Perpignan, et, parmi ses adjoints, se trouvait le frère Vincent Bandelli, futur général de l'Ordre.

D'instinct, Jérôme avait senti que regarder en arrière, ne fût-ce qu'un instant, l'empêcherait de vivre dans sa plénitude la vie de renoncement qu'il s'était volontairement assignée. Car il n'entendait pas humaniser le moins du monde les disciplines du noviciat : pour se donner à Dieu, ne faut-il pas éviter le désœuvrement, se libérer de la chair et triompher de l'insidieux orgueil ? Telles étaient du moins ses consignes personnelles.

Rarement on vit chez un débutant ferveur pareille. Du fait de ses études universitaires, *Fra Hieronimo*, comme on l'appelait volontiers, fut reçu *novizio clerico*, c'est-à-dire candidat à la prêtrise, mais, loin de se prévaloir de sa culture, il semblait rechercher les mortifications. Aucune humiliation, aucune besogne, si pénible qu'elle fût, ne le rebutaient. A la paresse et à l'amour-propre, il opposait les corvées les plus humbles, les moins agréables, parfois les plus répugnantes : servir à table, laver les pieds des autres, nettoyer les *luoghi secreti*, toutes ces choses qui sont les obligations d'un frère convers, non seulement il entendait les accepter, mais, pour un peu, il s'y serait complu.

Son lit — où il ne dormira que quatre heures par nuit — est

fait d'une couche de roseaux ou d'un sac de paille ; hiver comme été, il se contentera d'une couverture de laine grossière. Son vêtement d'étoffe vile est percé de trous comme celui d'un mendiant. En tout cela, il estime avoir fait don de son être, de sa volonté et de sa vie à ses supérieurs et, par eux, à Dieu même. Bientôt les jeûnes, les abstinences les plus dures l'auront tellement amaigri qu'il n'est plus que l'ombre d'un homme, « une âme sous un froc » ainsi que l'a dit un de ses compatriotes [a]. C'est au point que ses supérieurs devront modérer son zèle. Mais, bien loin de les écouter, il continuera de traiter durement son corps.

Méconnaissant de nouveau les mobiles d'une âme ainsi trempée, M. Brion se plaît à outrer sinon à travestir les meilleurs élans du néophyte :

« Une fureur de perfection l'a saisi, un zèle insatiable que rien ne peut satisfaire, sinon l'absolu. Il ne se contentera pas de prier, d'étudier, de se mortifier comme les autres religieux, il veut les dépasser tous par sa ferveur… Il s'enivre d'humiliations, comme d'autres se grisent de gloire ou de vin. Alors, quand épuisé par le manque de nourriture, saignant de toutes les plaies qu'ont ouvertes les verges et le cilice, il tombe sans force sur le sol froid de sa cellule, la consolation divine le visite, non pas sous la forme des anges qui le relèvent et pansent ses blessures, ni des saints qui lui sourient, ni de la madone qui lui tend son enfant, non, cette consolation qu'il reçoit, c'est celle-là seulement qu'il imagine et qu'il désire, des visions tragiques : l'incendie de Sodome, le glaive de la colère divine… Et ce qu'il écrit alors, dans ses nuits de fièvre, ce sont les imprécations terribles que la vengeance céleste lui dicte et qui

---

a. Verano MAGNI, *L'Aposiolo del Rinascimento*.

annoncent la destruction du monde coupable… »

Vraiment, celui qui ne voit au ministère et à l'enseignement du jeune Dominicain que des motifs aussi catastrophiques n'a rien compris à la vocation d'un Savonarole. C'est, en effet, en se penchant sur les Écritures à la vacillante lueur de sa veilleuse, c'est en se plongeant dans le récit des fautes et des chutes du peuple élu, c'est en se pénétrant des avertissements adressés à ce dernier par les voyants de l'ancienne alliance qu'il découvrira des analogies saisissantes entre l'état d'Israël et de Juda à l'époque des rois et celui de l'Italie de son temps.

Tandis que, d'une fine écriture, il couvre de notes serrées les pages de sa Bible, peu à peu s'élabore en lui la conception prophétique qui fait d'un Amos pris derrière son troupeau ou d'un Esaïe aux lèvres touchées par le charbon ardent non seulement le serviteur mais la verge du Très-Haut. Au cours d'une carrière trop brève, on retrouvera bien souvent les traces de cette inspiration essentiellement biblique.

Les bases de la foi.

Cette inspiration ne lui fera pas négliger le commerce des philosophes antiques ou des commentateurs les plus autorisés. Mais, sans proscrire l'étude d'Aristote et de Platon si hautement en faveur au moyen âge, Jérôme a reconnu chez ses contemporains les fâcheux effets d'une accommodation constante de la vérité chrétienne aux doctrines du paganisme antique. Il veut donc rompre avec celles-ci et avec une fausse science, pour ne recourir qu'aux lumières de la seule Révélation.

Dieu, organisateur et gouverneur du monde mais aussi père de l'humanité et son rédempteur suprême, se communique à l'homme dans les libres entretiens que l'âme engage avec Lui. « Celui qui prie », dit-il, « doit s'adresser à Dieu comme s'il était en sa présence, car si le Seigneur est partout, il est surtout dans l'âme du juste. C'est pourquoi, ne le cherchons point sur la terre, ni dans le ciel ni ailleurs : découvrons-le dans notre propre cœur… »

Personnalité sainte de Dieu, d'une part, et, de l'autre, personnalité déchue de l'homme, telles sont les deux entités qui, à travers l'histoire, se sont recherchées et ont trouvé leur expression providentielle en Jésus-Christ. Mais la rencontre de ce double élément, l'humain et le divin, a mis en évidence la terrible réalité du péché autant que la nécessité d'une rédemption. En Jésus-Christ, Dieu s'est fait homme afin de pouvoir souffrir, et il est resté Dieu afin de pouvoir sauver. Il faut donc haïr le péché qui nous sépare du Père et du Fils : sa présence dans l'Église est pour celle-ci une cause d'irrémédiable faiblesse. D'où, pour le témoin de Jésus-Christ, le devoir de combattre le mal avec la dernière vigueur et d'amener le pécheur à reconnaître en Dieu son Roi Sauveur.

A résumer ainsi une pensée qui, en de multiples occasions, trouvera des formes nouvelles et frappantes, on sent à quel point elle s'est dégagée du fatras des doctrines scolastiques et combien elle a puisé dans la connaissance des Écritures une victorieuse solidité. A la comparer à celle que les Réformateurs du xvie siècle ont remise en honneur, qui ne verrait dans le jeune Dominicain bolonais l'un des précurseurs, sur ce point, d'une restauration de la piété personnelle bâtie sur le contact direct avec Dieu ? Et cette piété-là ébranle, dans son principe même, tout l'édifice de la foi traditionnelle. Un homme faisant sienne un telle conviction ne pouvait point ne pas entrer un jour en conflit avec l'autorité ecclésiastique et surtout avec l'absolutisme papal.

La dure conquête de l'éloquence.

Mais, pour exprimer et répandre une pensée aussi ferme, pensée dont, à coup sûr, les supérieurs du jeune moine ne mesuraient pas l'ampleur, encore fallait-il posséder les dons de la parole. A Bologne, les Dominicains, ces prédicateurs militants — les *Domini Canes*, la meute du Seigneur — entendaient honorer Dieu par leur savoir et par leur éloquence. De l'ancien étudiant de Ferrare, ils voulaient faire un de leurs bons orateurs. Or, le temps avait passé depuis l'entrée en religion de Fra Girolamo. En 1476, il avait prononcé ses vœux et s'était adonné non seulement aux exercices spirituels mais encore à l'étude de la rhétorique sacrée. Était-il devenu pour cela le prédicateur jetant sur l'Ordre un lustre nouveau ?

Ici encore, c'est presque le caricaturer que le présenter ainsi :

« … Enfin il va pouvoir prêcher, annoncer la Parole de Dieu dans les éclairs et les tonnerres de l'éloquence. Il verra un peuple épouvanté courber la tête quand il décrira les cataclysmes proches, les terreurs de la fin du monde, les horreurs éternelles de l'enfer. Ce sera sa grande revanche de tout ce que la vie lui a refusé jusqu'alors. Cet homme qu'on a jugé insignifiant ou ridicule, dont la société et les femmes n'ont pas voulu, il va les faire trembler à son tour et les humilier devant lui, car c'est Dieu qui parle par sa bouche… »(BRION, op. cit.)

Faire de l'ordre d'En-Haut : « Va, parle et ne te tais point » une vulgaire revanche d'amour-propre froissé, quelle grossière méprise !

On ne saurait pourtant le celer, les débuts oratoires de Jérôme sont tout autre chose qu'un succès : sa prononciation est saccadée, son débit monotone et sans grâce, ses gestes gauches. Rien ne paraît annoncer en lui un maître du bien dire.

Conscient de ses insuffisances, le frère prêcheur, qu'on sait pas mal opiniâtre, cherche à fortifier sa voix, à étudier ses gestes, à rectifier ses attitudes. Un professeur de l'université, dont il suit l'enseignement, déclare que : « S'il veut ajouter l'éloquence à la philosophie et à la théologie, il s'attirera d'éternelles louanges ». Peine perdue. Les procédés du rhéteur le rebutent, et l'élégance profane ne convient en rien à son tempérament. Au maître avec lequel il va rompre, Jérôme signifiera que, retournant à la Bible, qui seule touche son cœur, il n'a qu'une ambition : celle de l'expliquer simplement. Ses passages favoris seront — on en sait la raison — les véhémentes apostrophes des prophètes ou les visions surnaturelles de l'Apocalypse plus que les tendres homélies de l'apôtre Jean ou l'argumentation d'un saint Paul. Mais, est-ce contrainte dans une chaire où si longtemps ont retenti des discours ampoulés, est-ce sensibilité trop vive ou volonté trop tendue, pour réels que soient ses dons et sincère sa piété, le Dominicain n'a pas acquis la maîtrise espérée.

En 1479, après trois années où, dépassant de beaucoup ses émules par l'imagination, le zèle et la vie intérieure, il est loin de s'être distingué dans le domaine de la parole, Fra Hieronymo, alors âgé de vingt-cinq ans, est tout de même désigné par ses chefs pour suivre un cours d'enseignement scientifique à l'université de Ferrare. Il va, pour la première fois, revoir sa cité natale et ceux dont il s'est brusquement séparé.

Installé au couvent de Sainte-Marie des Anges, Jérôme eut sans doute plus d'une occasion de rencontrer les siens. On assure que sa mère n'en manquait aucune. Mais, durant les trois années qui suivront, il ne cessera pas de se considérer comme mort au monde et se vouera plus assidûment que jamais à ses devoirs sacerdotaux.

Lors d'une conférence publique offerte aux Ferrarais, l'un de ses maîtres, le frère lecteur Bandelli, sut briller fortement, alors que — comparaison écrasante — dans une suite de sermons, prêchés sans doute à l'église San Domenico, Fra Hieronymo faisait piètre figure. Sans l'ombre de charité, ses compatriotes se plurent à souligner le résultat dérisoire auquel avait abouti le petit-fils de Michel Savonarole, médecin de la cour. Et certains jugèrent bon d'observer que les frères prêcheurs devaient être bien pauvres en hommes pour recourir à un aussi médiocre orateur !…

Avec quelque amertume, Jérôme pouvait donc se demander si tout ce qu'il avait vécu depuis quatre années, l'abandon de ses études médicales, sa fuite et toute sa préparation au ministère n'avaient pas été inutiles. Le doute allait-il entrer dans son âme ?

La revanche.

Par bonheur, un incident de voyage vint assez opportunément raviver son courage. Chargé d'une mission à Mantoue, il descendait en péniche le cours paresseux d'une rivière, peut-être même celui du Pô. Plongé, comme à l'ordinaire, dans ses oraisons, il se trouva mêlé à un groupe de soldats qui, insensibles à l'habit autant qu'à la personne du moine, jouaient et sacraient sans vergogne. Gaillardises, couplets grivois, propos de joueurs, bruit de verres qu'on choque, tous ces divertissements, dans lesquels il voyait la manifestation du péché, finirent par troubler sa méditation. A bout de patience, Jérôme se leva soudain et apostropha véhémentement les soudards.

Il est probable que ce visage émacié, ce corps décharné, ces yeux jetant des éclairs ne pouvaient laisser personne indifférent. La voix surtout était terrible. Son discours improvisé fut si chaleureux, si prenant, si direct, que, saisis par ses appels et rentrant en eux-mêmes, onze des blasphémateurs tombèrent à genoux et implorèrent leur pardon. Pour la première fois, Jérôme venait d'assister à un triomphe de sa rude éloquence. Soustrait à l'ambiance défavorable de la chaire et du temple, le prophète n'avait point parlé au désert. Exemple à méditer : plus que jamais, il renoncerait aux fleurs de la rhétorique et aux citations des philosophes !

Du reste, l'heure n'était point aux paroles ailées. Toute l'Italie se trouvait alors sur pied de guerre. Les bandes armées du Saint-Siège semaient partout l'effroi, car il s'agissait pour elles d'assurer des apanages aux nombreux fils naturels de Sixte IV, ce pape assez vain pour consacrer cent mille ducats à la seule acquisition d'une tiare, assez égoïste pour ne songer qu'à l'avenir des siens, assez fourbe pour faire décapiter un Colonna à qui il avait promis la vie sauve, et surtout assez rebelle à la discipline de l'Église pour violer cyniquement l'un de ses articles essentiels : la continence.

En cette année 1482, Ferrare avait lieu de s'émouvoir du châtiment dont la menaçait la République de Venise, car celle-ci l'entendait punir de son attachement à la ville de Florence. Redoutant que, selon les mœurs du temps, la cité ne fût prise d'assaut, incendiée et pillée, les supérieurs de Sainte-Marie des Anges s'empressèrent de fermer le couvent et d'expédier les religieux aux quatre coins du pays.

De Ferrare à Florence.

Sans regret, Jérôme dit adieu à sa ville natale pour rentrer à Bologne : mais, comme les troubles politiques y sévissaient aussi, on décida de l'envoyer en Toscane, où l'Ordre possédait, dans le Convento San Marco de Florence, l'un de ses établissements principaux.

D'une province à l'autre et des plaines lombardes aux collines arnésiennes, le contraste ne pouvait manquer de s'imposer, même à un homme que jusqu'ici la contemplation de la nature ne semblait point attirer.

Ferrare, en dépit du lustre qu'avaient jeté sur elle la maison d'Este et nombre de familles titrées, était principalement la cité forte, dressant, sur les alluvions du grand fleuve, ses remparts de briques rouges que rehausse un château quadrangulaire ceinturé de fossés, flanqué de ponts-levis, encerclé d'échauguettes et couronné de mâchicoulis. C'était la place d'armes avec ses sévérités, où, chose typique, le *Duome* même est défendu par des lions de marbre.

Bologne, siège d'un archevêché et l'un des quatre grands centres du savoir au moyen âge, se signalait par ses tours princières que Dante en personne a chantées, par ses rues bordées d'arcades, par sa *Loggia dei Mercanti* en style ogival ou par ses multiples palazzi attestant la prospérité du commerce et des arts mineurs. Mais, justement célèbres, ni Ferrare, ni Bologne ne pouvaient prétendre à la gloire entourant la cité du Lys rouge. Rien ne prouve d'ailleurs que cette gloire ait, en quoi que ce soit, influé sur la décision de Jérôme. Sa vocation n'était-elle pas avant tout d'obéir ?

Quittant donc les terres plates et fertiles de l'Emilie, le moine franchit les cols de l'Apennin pour gagner la plaine où s'étalent les flots verts de l'Arno. Là-bas, harmonieusement couronnée de coteaux aux pentes adoucies que revêtent de leur ombre légère le myrte, l'olivier, le cyprès, Florence l'attendait.

Florence ! Ce nom qui, dans notre langue, suffit à évoquer les parfums et les tièdes effluves du printemps à l'heure où tout embaume et s'épanouit, ce nom qu'auréole d'un incomparable éclat l'essor des arts et des lettres alors à leur apogée, ce nom par quoi se résume tout un âge de grandeur et de magnificence, enfin et d'une fois, ce nom unique et prestigieux ne va-t-il pas s'opposer — comme le clair s'oppose à l'obscur — à l'être tout d'une pièce qui, dans un laborieux effort, a lentement construit sa rude personnalité ?

Tout, assurément, concourt à faire de cette ville, où désormais il vivra, un lieu de délectation plus qu'un centre d'apostolat. Dès qu'il l'aperçut, ceinte de murs crénelés et hérissée de ses soixante-huit tours de garde, le contraste dut s'imposer à lui : c'était autre chose que les cités connues. Car cette terre d'élection, « cette coupe lumineuse », comme l'a justement décrite l'un de ses admirateurs, « il semble qu'elle ait été dessinée à la mesure du regard humain[a] ». Et c'est ce regard-là qu'on peut, sous certains aspects, contester à l'âpre Dominicain.

Pourtant, il faut s'entendre. A moins de dénier au descendant d'un médecin aulique la simple compréhension des harmonies terrestres et de lui refuser toute capacité d'émotion devant ce don du ciel qu'est la splendeur des choses, qui oserait affirmer que Savonarole resta froid devant pareil spectacle ?

Des hauteurs de Fiesole, va-t-il, sans frémir un peu, entrevoir,

---

a. Auguste BAILLY, *La Florence des Médicis*.

dans la brume nacrée du matin, la ville étendue près du fleuve comme une déité au bord d'une source fraîche ? Approchant de plus près, demeurera-t-il insensible au tableau qu'offrent, se mirant dans ces eaux calmes et lentes, les façades ocrées de palais que relient quatre ponts monumentaux, vivantes artères entre les rives du fleuve ? Et pourra-t-il toiser d'un œil indifférent ces constructions de haut style, si bien soudées entre elles et si délicatement coiffées de tuiles aux tons fauves qu'elles font corps avec des monuments tels que le Baptistère ou le Campanile de Giotto ? Et si, dans un hymne de beauté qui vibre encore aujourd'hui, tant de chefs-d'œuvre vont magnifier devant cet homme le génie de leurs constructeurs, combien n'est-il pas d'autres édifices proclamant, par de larges assises, par leurs fenêtres grillées, leurs meurtrières et leurs tours de granit, l'orgueil et la prospérité de citoyens dont il n'ose ignorer la puissante influence ?

Plus encore, lui sera-t-il possible, tout fermé qu'il soit aux pressentiments, de réprimer une angoisse secrète devant le Palazzo Vecchio, ce bloc massif et redoutable, attestant à lui seul la force apparente et l'instabilité trop réelle d'un État soumis à de nombreux assauts ? Bien que lombard et non point toscan, ignorerait-il les incessantes entreprises des ennemis de la République et les vaines émeutes d'un peuple effervescent ? A la fois troublante et séductrice mais altière et farouche, telle dut apparaître au moine ferrarais « la Florence empourprée et dorée, jaillie de sa verdure, admirable d'harmonie avec son ciel et ses collines, la Florence fine et dure, superbe et triste, couleur de feu et de soleil couchant [a]... »

---

a. Verano MAGNI, *L'Aposiolo del Rinascimento*.

III

Florence au temps des Médicis

Grandeur et servitude d'un État. — La famille régnante. — Funestes survivances

Dans le sobre et merveilleux décor que l'on vient d'esquisser, Florence s'affirmait alors comme une entité, toujours maîtresse de ses destins, dont l'éclat ne pouvait se mesurer à l'étendue du territoire. Dans cette Italie du xve siècle, si profondément divisée, la ville du Lys, capitale de la Toscane et cité d'antique origine (on ne sait si elle fut d'abord étrusque ou romaine), jouait un rôle de premier plan. Avec les républiques de Gênes et de Venise, le duché de Milan et les États du Pape, on la considérait comme l'une des cinq puissances souveraines de la Péninsule.

Grandeur et servitude d'un État.

Terre natale de Dante, qui y rencontra Béatrice ; patrie de Machiavel, l'inquiétant auteur du *Prince*, berceau de Galilée, dont les découvertes bouleversèrent le monde, elle avait, à elle seule, enrichi l'Italianité de plusieurs génies. Foyer rayonnant de la Renaissance, on la savait gardienne du culte des humanités ; grâce à elle, une pléiade de lettrés conservait la pratique et le goût de l'immortelle langue grecque.

« A Florence », écrivait Ugolin Verino, « tout ce qu'il y a de savant s'est réfugié après le naufrage de la Grèce comme en un port certain — *velut ad portuum tutum...* » « A Florence, ajoutait Politien, les enfants de la première noblesse parlent l'idiome attique si purement, si aisément qu'on ne croirait point Athènes détruite et occupée par les barbares [a] !... »

Par réaction sans doute contre l'engouement du moyen âge pour la philosophie d'Aristote, on vit celle de Platon portée au pinacle par les hellénistes Gemisthe Pléthon et Marsilie Ficin qui, de Florence, avaient fait leur centre préféré. Bientôt, avec l'appui de Cosme l'Ancien, se constitua l'Académie platonicienne. A défaut d'université locale, elle groupa les plus nobles esprits. Et telle était la passion des disciples pour le maître que le même Ficin, chanoine de San Lorenzo, entretenait une lampe allumée devant le buste du philosophe alors que d'autres poussaient l'enthousiasme jusqu'à demander au Saint-Siège sa canonisation. Unissant à la fois les lettrés, les savants et jusqu'aux chefs de l'État, l'Académie platonicienne exerça sur la jeunesse studieuse une attraction si grande qu'on vit accourir, non seulement de toute l'Italie, mais de France, d'Allemagne et d'Espagne, foule d'admirateurs de celui qu'on appelait alors le divin Platon.

Aux yeux de l'Europe instruite, Florence était donc un des centres de haute culture. Mais, à cela ne se bornait pas sa prééminence : outre le perfectionnement de l'esprit, elle poursuivait ardemment celui de la vie matérielle. L'excellence de son indus-

---

a. U. Verino et A. Politien, cités par Ph. Monnir, *Le Quattrocento*.

trie, la prospérité de son commerce étendu jusqu'aux confins de l'Afrique et de l'Asie, le talent de ses artistes, l'habile agencement de sa constitution et l'apparente stabilité de l'ordre public, tout aurait dû lui assurer une marche prospère. Par malchance, les luttes intestines mettant aux prises Guelfes et Gibelins ces partisans opposés des papes et des empereurs avaient, comme ailleurs, empoisonné la vie publique. A y regarder de près, ces divisions entre citoyens, entre « peuple gras » et « peuple menu », s'expliquent facilement par les intérêts qui étaient en jeu. Banquiers et gros commerçants — les arts majeurs — ne craignaient pas la guerre, car elle ouvre des marchés; les artisans — arts mineurs — eux, préféraient la paix qui aide à construire. Pour cette première raison, on donnait parfois la préférence aux Guelfes. Pour la seconde, on se tournait du côté gibelin. Les affaires ne sont-elles pas les affaires? Et Florence, on le sait, était cité de négoce autant que de métiers.

Malheureusement pour eux, incapables de bien gouverner, les nobles, toujours en proie aux luttes partisanes, s'étaient vu écarter du pouvoir par les corporations. Et celles-ci avaient chargé leurs chefs — ceux qu'on appelait les Prieurs — de constituer le gouvernement, la *Signoria*. A leur tour, les corporations n'avaient pas tardé à se diviser et la querelle reprenait sur un autre plan, car, privée de ses droits, la catégorie des travailleurs manuels reprochait aux commerçants de constituer une aristocratie d'argent. Tour à tour, ces classes ennemies s'évinçaient réciproquement du pouvoir, sans qu'on cessât pour autant de vivre en république.

Fixée au carrefour des grandes routes péninsulaires, Florence demeurait, par ses industries maîtresses et grâce au génie de ses financiers, l'un des principaux marchés monétaires de l'Europe.

On n'est pas sans savoir que l'Italie de la Renaissance se trouvait être alors le pays le plus riche du monde. Aux ressources d'un sol inépuisable, qui fournissait en abondance le blé, l'huile, le vin, le soufre, l'alun, les marbres ; à la production du bétail, de la laine, de la soie surtout, s'ajoutaient les bénéfices considérables du labeur industriel et commercial. Si Venise et Gênes servaient d'entrepôts à l'Orient, Florence de son côté possédait des comptoirs dans tous les pays étrangers, depuis Bruges jusqu'au Caire.

Pour parcourir et s'imaginer cette ville telle qu'elle fut à la fin du *Quattrocento*, gardons-nous d'imiter ces touristes pressés qui, se précipitant au Dôme, escaladent en hâte le Campanile ou errent sans méthode de l'Académie aux Offices, de Saint-Laurent au Palais Pitti et croient avoir ainsi tout vu. Certes, il faut saluer bien bas des créations de cet ordre ! Mais combien plus vivante dans sa pérennité est la cité du Lys, lorsqu'on flâne à pas lents dans d'étroites ruelles, celles notamment, qui courent à l'Arno, vers Santa Trinita, ou débouchent à la voie des Saints Apôtres. Ici, l'ombre qui descend des palais de granit, autant que l'exiguïté des venelles qu'ils bordent, jette sur toutes choses un voile si délicat qu'on pourrait le comparer à la brume du temps. Venez donc explorer ces échoppes, jetez un regard à ces débits de vin, examinez ces ateliers en plein vent, arrêtez-vous à ces éventaires et, de là, aboutissez au *Mercato Vecchio*, ce marché vieux tout frémissant de vie. Alors, l'animation du lieu, les cris de la rue, le claquement des fouets, le grincement des essieux, chaque son, chaque geste vous permettront d'évoquer la Florence d'autrefois et de toujours. Dans leurs propos légers, dans leurs discussions sans fin au sujet de tout et de rien, les citoyens que voici mettent la même passion qu'ils apportaient jadis à traiter de la chose publique. Et la sonorité de leur langue ne peut qu'ajouter à la couleur du tableau. Entre les Florentins de jadis et les Florentins d'aujourd'hui il est pourtant une sensible différence : celle du costume. Combien seyants, au siècle du *Rinascimento*, ces pourpoints plissés, ces tuniques moirées, ces manteaux sans manches, ces habits jaunes ou rouges d'un côté, verts, blancs ou noirs de l'autre ! Combien élégants ces brodequins multicolores, ces souliers à la poulaine ou, sur des chevelures nattées, ces coiffes variées et ces bérets de drap écarlate !

Tant de faste chez les hommes, tant de parure chez les femmes donnaient à ce quartier un éclat sans égal. Mais il y a mieux encore. Considérez maintenant, quelques pas plus loin, à la *Piazza della Signoria*, ces guerriers splendides qui toisent du regard et passants et flâneurs : ce sont les gardiens du *Palazzo*, ceux qui veillent sur les conseils de la République.

Tandis que, franchissant le seuil de ce froid édifice pour gagner la plateforme de la *ringhiera*, s'avance un haut magistrat portant avec majesté la somptueuse *cimarra*, voici qu'accourent les citoyens revêtus du *lucco* de laine rouge ; s'ils entrent céans, c'est pour y exercer leur droit de contrôle ; car, lorsque les cloches de la ville ont sonné à *parlamento*, le moment est venu de donner à l'État le concours que chacun lui doit. Essayez d'imaginer ainsi cette cité extraordinaire, où les affaires, les arts, les lettres, la vie civique, tout aboutit à une culture supérieure qui n'a pas son égale au siècle de la Renaissance : vous comprendrez alors l'attrait d'un tel lieu, vous saisirez mieux le rôle que Florence a pu jouer dans l'histoire.

Il faut dire aussi quels temps exceptionnels traversaient alors le monde, et singulièrement la Péninsule. Se libérant des lourdes disciplines de la scolastique pour retrouver, au contact de l'antiquité, une jeunesse nouvelle, des érudits comme Ange Politien ou Marsile Ficin, des peintres comme Philippino Lippi, Benozzo Gozzoli, Sandro Botticelli, des sculpteurs tels que Verrocchio, Sansovino ou Mino da Fiesole faisaient de cette ville de boutiquiers et d'hommes d'argent l'une des métropoles de l'art.

Bien qu'elle ne fût ni plus fine ni plus cultivée qu'une autre, la population entourait de son respect ces lettrés et ces artistes, car c'est à pleines mains qu'ils jetaient leurs chefs-d'œuvre. Elle les encourageait de son admiration et n'était-ce point pour eux le meilleur stimulant ? Attentif aux créations du génie, l'enthousiasme populaire valait à leurs auteurs une ambiance incomparable et contribuait, sans le chercher, à l'épanouissement de ce qu'on a pu appeler le miracle florentin.

Au surplus, et à l'exemple d'Athènes son illustre devancière, rien de tout cela n'empêchait, comme l'a justement remarqué un auteur moderne (Auguste BAILLY), que cette communauté d'artistes et de marchands ne fût une ville guerrière, qu'on ne cessât de s'y battre et qu'elle n'interrompît la lutte contre tel ou tel voisin que pour se voir ensanglantée par les soulèvements et les révolutions, en un mot par l'implacable et frénétique opposition des partis.

La famille régnante.

Qu'au milieu d'une telle cité se dresse un homme, issu de son sol, ayant vécu de sa vie et hérité de ses traditions ; qu'il fasse preuve de vaillance, de goût, de talent même ; qu'il soit poète, amateur d'art et par surcroît chef politique et diplomate avisé, aussitôt, l'ascendant qu'il ne peut manquer d'exercer dépassera toute mesure, d'autant qu'il ne fait que continuer une lignée de citoyens ayant rendu des services éminents.

Depuis trois générations, en effet, les Médicis se comportaient en souverains et, comme la prospérité semblait s'attacher à leur nom, les citoyens les plus jaloux de leurs prérogatives y renonçaient implicitement en faveur de ceux qui leur assuraient grandeur et considération.

Le premier en date, Jean de Médicis, ayant abandonné la charrue et le terroir natal, avait si brillamment géré la fortune des papes qu'il put asseoir de cette façon la prospérité de la famille. Son continuateur, Cosme, également banquier, agira lui aussi avec tant d'habileté que, sans nuire à son propre intérêt, il se fera appeler le Père de la Patrie : sous son règne, Florence a grandi, mais la maison de banque a étendu ses succursales à Londres, à Anvers, à Bruges, à Lyon, ailleurs encore. Et c'est ce Cosme qui, prévoyant que Piero, son maladif et timide rejeton, ne pourra suffire à une tâche pareille, y prépare avec sollicitude son petit-fils Lorenzo.

Après des conspirations qui, si facilement, tournaient à la guerre civile, une accalmie s'était faite. Florence semblait avoir accepté sans trop de résistance la main de fer d'un chef assez adroit pour n'être pas nommé tyran.

La grande habileté du maître de l'État avait été de paraître accepter le pouvoir plutôt que de le prendre lui-même. A la mort de Pierre le Goutteux, qui avait tout juste assisté aux noces de son fils aîné avec Claire Orsini, héritière et descendante d'une grande famille romaine, Laurent et son frère Julien furent priés, par une assemblée de six cents notables, d'administrer la politique intérieure et extérieure de la République, comme l'avaient fait leurs père, grand-père et arrière-grand-père. Plus que continuer une tradition, c'était affirmer l'existence d'une dynastie. Et telle était la fascination exercée par les Médicis qu'une assemblée sans mandat, qui ne revêtait même pas les apparences d'un conseil électif, avait pu disposer ainsi de la direction même de l'État. Les mécontents — s'il y en restait — se turent. Et les descendants des campagnards de Mugello continuèrent à faire figure de famille régnante.

La prospérité matérielle y aidait : en effet, ce n'est pas aux époques d'enrichissement public que se font les révolutions. Florence, ville de cent vingt-huit mille habitants, jouissait d'un revenu annuel s'élevant à plus de trois cent cinquante mille ducats. Assurée de tels moyens, n'avait-elle pas, en 1405, acquis, comme on achète une propriété *extra muros*, et cela pour une somme à peu près équivalente, la citadelle de Pise qui lui obstruait la route de la mer ? Aussi bien, l'opulence se traduisait-elle par la construction de palais somptueux et de résidences d'été qui sont encore aujourd'hui l'ornement de la ville ou de ses alentours. Consciente de la prospérité et du lustre que lui valait son maître, la cité du Lys oublia sa servitude. Elle sut gré au dictateur de lui répéter qu'elle demeurait indépendante et souveraine.

Car l'habileté des Médicis avait été de conserver la somptueuse façade et de garder à la République toutes les formes connues au temps de la liberté. Avec un pouvoir exécutif dont la durée se limitait à deux mois sous la présidence du Gonfalonnier de Justice, c'était la Seigneurie qui, apparemment, gardait en mains les rênes, secondée à titre de conseils législatifs par les Collèges des Buoni Uomini et ces chefs militaires qu'on appelait les Gonfalonniers, des Compagnies.

A tout prendre, ce gouvernement prétendu populaire, où la bourgeoisie trouvait son compte, voyait sans trop d'aigreur s'imposer au sommet de la hiérarchie une famille puissamment riche et vraiment représentative. Assez astucieux pour user sans abuser de leur haute influence, les roturiers enrichis de la via Larga ne cessaient de faire rejaillir sur la cité la considération dont ils jouissaient au dehors. A cela, si farouchement attaché qu'il se dise aux traditions d'indépendance, un peuple n'est point insensible.

Funestes survivances.

Au crédit des Médicis, il faut porter le fait que, protecteurs attitrés des lettres et des arts, ils avaient réussi à insuffler à la population le goût des belles choses. On a comparé la Florence de ce temps à l'Athènes de Périclès : le rapprochement n'est point déplacé. Mais l'art ne suffit pas à l'ennoblissement des hommes. Il faut bien reconnaître que, sous cette sensibilité à l'égard du beau et malgré cet effort vers la pensée libre, les Florentins n'avaient perdu ni leur tendance à la superstition ni leurs instincts brutaux, cruels même.

On voit en effet ces Toscans du XVe siècle, comme au surplus les autres Italiens, observer les prodiges et en tirer les conséquences les plus extraordinaires. L'astrologie s'enorgueillit d'une vogue encore plus surprenante. En vain, quelques esprits indépendants — Pétrarque, Pic de la Mirandole et plus tard Savonarole — tonnèrent-ils contre cette superstition ridicule [a]. Quant au goût des plaisirs violents, il n'était point en décroissance.

Dans les parties de balle ou de bâton, on se distribuait des horions qui souvent causaient des blessures ; sur la place Santa Croce continuaient les courses de taureaux qui, d'ailleurs, étaient prisées dans toute l'Italie. Même les combats de fauves n'avaient rien qui scandalisât : en 1459, pour fêter l'arrivée du pape Pie II, les

---

a. Eugène MÜNTZ, *La Renaissance en Italie et en France.*

Florentins convertirent leur *Piazza* en une arène dans laquelle ils introduisirent des ânes, des taureaux, des chevaux et surtout des animaux sauvages, parmi lesquels seize lions.

Chose plus grave, la faveur ne cessait d'aller aux exécutions capitales, à la suite desquelles les cadavres des suppliciés demeuraient longtemps exposés à la contemplation de tous : n'avoir ni sorciers ni hérétiques à brûler était, pour la foule, plus qu'une déception.

Il n'est pas jusqu'à un autre legs de l'antiquité, legs hideux, que la Renaissance n'avait pas su répudier : l'esclavage. Aucun trafic n'était plus courant que celui de malheureuses femmes, jeunes ou vieilles, arrachées à leur patrie (la Turquie, la Russie, les principautés danubiennes) et vendues aux plus offrants sur les marchés de l'Italie. Cosme de Médicis, le Père de la Patrie, avait acquis à Venise une Circassienne dont il eut un fils, Charles de Médicis, lequel devint prévôt de la cathédrale de Prato. De simples artisans se procuraient par cette voie des domestiques à bon marché…

Ainsi, derrière une façade brillante et raffinée, la naturelle sauvagerie se donnait libre cours ; ni la hauteur de l'intelligence ni la perfection du goût ne parvenaient à calmer l'instinct de la violence ou à établir un règne de justice.

Le contraste a toujours frappé ceux qui se sont penchés sur l'histoire de la République. Déjà, quelque cent ans plus tôt, Dante opposait les prodigalités et les turpitudes de son temps aux vertus de l'âge antérieur « Florence, enfermée dans l'antique enceinte de ses murs, qui lui sonne encore tierce et none, vivait en paix, sobre et pudique… »

Si stava in pace, sobria e pudica[a].

« Elle n'avait point de chaînettes, point de guirlandes, point de femmes apprêtées, point de ceinture qui fût plus belle à voir que celles qui les portaient. Elle n'avait qu'un cœur entier et loyal au même titre que le florin d'or qu'elle frappait… »

« En ce temps », note également le chroniqueur Giovanni Villani, « les citoyens de Florence vivaient sobres et de grosses nourritures, et de petites dépenses, et de bonnes mœurs et de bonne façon, gros et rudes… Avec leur grosse vie et pauvreté, ils firent plus de choses et des choses plus vertueuses qu'on n'en a fait dans notre temps avec plus de mollesse et de richesses… »

A cette époque enfin, le travail était loi sacrée. « Personne mieux que Florence », assure Philippe Monnier, « n'en avait compris la grandeur et sanctifié le bienfait. Elle l'avait ennobli : chez elle le métier s'appelait un art. Elle l'imposa… car, pour être né à la vie civique, il fallait être né à la vie laborieuse. Aussi, du haut en bas de l'échelle, chacun travaillait-il et lorsqu'on s'approchait de Florence, on sentait comme un bourdonnement de ruche immense… »

Mais, à la fin du *Quattrocento*, victime d'une prospérité trop constante, la cité des Fleurs porta à leur paroxysme les passions les plus brutales sans renoncer pour cela aux ardeurs les plus mystiques. Farouche, haineuse, cruelle, elle fut, de toutes les capitales, celle qui réalisa les plus parfaits miracles de pureté, de grâce et d'harmonie ; mais, ville dure, orgueilleuse, provocante, par surcroît prodigieusement intelligente, elle ne fut plus accessible qu'à une seule émotion, celle de la beauté. Or, ni la passion du beau, ni l'es-

---

a. DANTE, *Divina Commedia, Paradiso*, XV, 92

thétisme le plus délicat ne peuvent donner à un peuple les vertus sans lesquelles nul État n'a d'assises profondes.

Faute de discipline chez les grands qui affectaient de lâcher la bride à tous leurs penchants, les mœurs s'étaient lentement avilies, et si forte est la contagion de l'exemple qu'on avait vu l'immoralité s'étendre comme une tache d'huile. C'est au point qu'un historien postérieur à cette époque l'a décrite avec une extrême sévérité : « Les Florentins de ce temps », déclare Bruto, « ayant mis tous leurs soins à vivre dans la mollesse et l'oisiveté, ont rompu avec les traditions de leurs ancêtres et, par une licence insupportable et sans mesure, se sont frayé un chemin vers les vices les plus honteux et les plus détestables. Leurs pères, à force de travaux, de fatigues, de vertus, d'abstinence, de probité, avaient rendu leur patrie florissante. Eux, au contraire, ayant laissé de côté toute pudeur, semblent n'avoir plus rien à perdre. Ils font consister le courage dans l'audace et la témérité, la facilité des mœurs dans une coupable complaisance, dans la politesse, dans le bavardage et la médisance. Ils font tout languissamment, avec nonchalance et sans ordre : la paresse, la lâcheté sont règle de leur vie... Ils se livrent au jeu, au vin, aux plus ignobles plaisirs. Perdus de débauches, ils ont d'infâmes amours, des orgies de toutes les heures. Ils se sont souillés de tous les crimes et de toutes les scélératesses...[a] »

On doit constater au surplus (même si le tableau semble un peu chargé) que Florence n'était pas seule à commettre d'aussi multiples infractions à la simple loi morale. De quelque côté que l'on tourne ses regards, assure Eugène Müntz, on ne découvre alors en Italie que crimes de toutes sortes ; l'assassinat est le moyen de gouvernement

---

a. Michele Bruto, *Historia Florentina*, Liv. V.

le plus en faveur ; la vertu et l'honneur semblent également bannis. L'Église même, le fait n'est que trop certain, s'est laissé gagner, dans le dernier tiers du xve siècle, par les exemples que lui prodiguèrent les princes aussi bien que les républiques. Il serait vain de chercher à nier l'intensité du mal, mais il n'est point superflu d'en indiquer la source : elle est tout entière dans le déclin des convictions.

« Les iniquités et les péchés se sont multipliés », explique à son tour Girolamo Benivieni, auteur du xvie siècle, « Parce que ce pays a perdu la foi du Christ. On croit généralement que tout, dans le monde et les choses humaines surtout, n'a d'autres causes que le hasard. Certains pensent qu'elles sont gouvernées par les mouvements et les influences célestes. On nie la vie future. On se moque de la religion. Les sages du monde la trouvent trop simple, bonne tout au plus pour les femmes et les ignorants. Quelques-uns n'y voient qu'un mensonge d'invention humaine. Toute l'Italie enfin, et surtout la ville de Florence, est livrée à l'incrédulité. Les femmes elles-mêmes repoussent la foi chrétienne, et tous, retournant aux usages des païens, se plaisent aux prédictions des astrologues et s'attachent à toutes les superstitions… »

Avec plus de recul encore, l'historien si écouté du Quattrocento a su, en quelques traits, fixer définitivement les caractéristiques de ce siècle finissant. Après avoir montré en Florence sa plus brillante fleur, il discerne avec précision ce qu'il en va rester :

« … Déchue de la hauteur souveraine où l'avait portée le rêve gigantesque de l'âge précédent (celui de Dante), elle s'est appauvrie dans la mesure même où elle s'est civilisée. Elle a perdu les rudes et solides vertus qui l'assoyaient sur une base de croyance, de civisme et d'amour. Jadis héroïque, robuste, primitive, aujourd'hui courtisane voluptueuse et trop savante... Aucune époque ne donne un exemple de désagrégation morale plus évident... (Ph. MONNIER) »

De telles constatations ne prennent-elles pas une singulière actualité lorsqu'on les rapproche de celles qu'on peut faire aujourd'hui ? Or, comme il est rare qu'une telle décadence n'ait pas à sa racine le mauvais exemple des classes dirigeantes, on juge si, à Florence, l'exemple venait de haut !

IV

La communauté de saint-Marc

> Le Convento. — Amitiés partagées. — Ministère itinérant. — De la chaire de San Marco à celle du Duomo.

Si, pour le mieux accabler de leurs sarcasmes, certains font de Jérôme Savonarole un acerbe et bilieux fanatique, du moins admettront-ils qu'en se rendant à Florence, celui qui, dans la langue sacrée, aimait à s'appeler *Hieronymus Ferrariensis* entendait accomplir une haute et discrète mission. On ne pouvait à celle-ci souhaiter cadre plus favorable et plus riant que celui de la communauté dominicaine.

Au début du xve siècle, le couvent de Saint-Marc avait été remis non pas à cette congrégation, mais à un ordre agreste, les Sylvestriens. Malheureusement pour eux, l'ambiance d'une ville élégante et dissipée les détourna gravement de la vie contemplative. Leurs déportements scandalisèrent à tel point l'Église et la cité que Cosme l'Ancien dut chasser honteusement d'aussi étranges cénobites et les remplacer par les studieux Dominicains de Fiesole. Par bonheur, grâce à leurs talents et à leurs vertus, ces derniers devaient rendre à l'établissement sa dignité perdue.

De cette maison, où allait désormais s'imposer l'autorité de Jérôme, nul tableau n'a été tracé de sa main. Mais, les choses n'ayant guère changé, on peut sans difficulté l'entrevoir sous son jour réel.

Depuis sa restauration, poursuivie de 1437 à 1443 par l'architecte Michelozzo, le *Convento* (qui fait corps avec l'église de San Marco, construite en 1290) est formé de deux cours quadrangulaires qu'égaient en permanence des fleurs et des chants d'oiseaux. Sur ces cours donnent les cellules des moines, chichement éclairées par d'étroites ouvertures et s'ouvrant, au premier étage, sur de vastes couloirs blanchis à la chaux. Des poutres enchevêtrées, somptueusement brunies par le temps, tiennent lieu de plafond. Au rez-de-chaussée, deux cloîtres, dont le principal s'orne de voûtes aux arceaux entrecroisés ayant pour supports de légères colonnes ioniques. Sur les murs se succèdent des fresques émouvantes, parmi lesquelles resplendit celle de l'Angelico consacrée au Christ majestueux et tendre accueilli avec déférence par deux Dominicains. Plusieurs salles ont accès à ce cloître, notamment l'Ospizio ou hôtellerie des pèlerins, le grand réfectoire et la chambre capitulaire. Il faut ici s'arrêter longtemps : comment échapper en effet à l'émotion qu'éveille l'immortel *Crucifiement* du Frère séraphique ? Avec les panneaux à la détrempe qui décorent les cellules des moines, l'artiste touche au sommet de l'art qu'inspira l'Évangile.

A la bibliothèque, enrichie de psautiers enluminés ou d'antiphonaires contenant les diverses parties de l'office, se retrouvaient les plus studieux des frères, tandis qu'à l'exemple du maître de Fiesole, un Baccio della Porta, en religion Fra Bartolomeo, préparait pinceaux et couleurs pour fixer les traits de quelques-uns d'entre eux : on l'avait vu s'appliquer à reproduire aussi ceux de Cosme l'Ancien, le Père de la Patrie — grand ami de l'archevêque Antonin — venu, dans cette retraite, achever et peut-être racheter une carrière d'opulent financier.

C'est donc au sein de telles beautés que vécurent, sans les apprécier peut-être, un certain nombre de religieux, dont les robes blanches passaient méditatives et silencieuses sur le carreau rouge des promenoirs.

Moins hargneux que lorsqu'il parle « des rêves incendiaires » de Savonarole, l'esthète averti qu'est André Maurel évoque délicatement le charme de ce lieu : « Les cloîtres fleuris », dit-il, « les salles ombreuses, les cellules endormies, tout ici respire la tendresse et la paix… [a] »

Nommé lecteur des novices, Fra Girolamo entreprit avec ceux-ci et poursuivit quatre années durant l'étude de la Bible qu'il avait assidûment pratiquée à Bologne et à Ferrare. Bien souvent, les yeux mouillés de larmes, on le voyait s'appliquer avec tant de simplicité et tant de ferveur aux commentaires des textes sacrés que l'auditoire en demeurait saisi. Lorsqu'il abordait certains sujets tels que l'exégèse des prophéties, sa parole s'animait de façon extraordinaire. Ce n'était pourtant là que des étincelles, de furtifs éclairs, et point encore la grande lumière attendue.

Au carême de 1482 [b], ses supérieurs l'appelèrent à prêcher en l'église de San Lorenzo qu'avait consacrée saint Ambroise et qui, reconstruite au XI[e] siècle sur le plan des vieilles basiliques chrétiennes, pouvait contenir une foule énorme. Hélas ! l'échec de Ferrare n'allait

---

a. André MAUREL, *Quinze jours à Florence*.
b. PERRENS dit 1483, mais en raison du fait que les contemporains faisaient partir l'année du 25 mars.

que trop exactement se renouveler. Vers la fin des prédications du jeune Dominicain, les auditeurs, perdus dans la vaste nef, s'étaient tous égrenés : on en comptait vingt à vingt-cinq au plus !… A dire vrai, la froideur de ces marbres et leur classicisme rigide ne s'harmonisaient guère avec le verbe saccadé, le débit chaotique et les gestes à contre-temps de l'orateur en robe blanche. Les meilleurs amis du moine, ceux qui savaient apprécier sa valeur, convenaient sans difficulté qu'il n'était là point à sa place.

Ah ! s'il avait du moins suivi l'exemple de Fra Mariano de Genazzano, ce prédicateur augustin qui, par ses cadences bien balancées, ses périodes arrondies et son style sublime, séduisait jusqu'à l'humaniste Ange Politien ! Mais non, le lecteur de Saint-Marc n'avait ni la voix ni l'onction, en un mot rien de ce qui est propre à de tels exercices.

— Mon frère, lui disait-on, votre doctrine est vraie, utile et nécessaire, mais la manière dont vous la présentez manque de grâce.

Et l'interpellé de répondre :

— Cette élégance et ce luxe orné du discours doivent céder le pas à la simplicité d'une sainte doctrine !

Pour le moment, simplicité et doctrine ne tendaient qu'à vider les églises, alors que les remplissait l'art ampoulé d'un Mariano ! Florence est en entier dans pareille antithèse.

Amitiés partagées.

Avec plus de discernement qu'il n'en met d'ordinaire à juger le lecteur de Saint-Marc, Perrens a, non sans finesse, esquissé son état d'âme : « ... Ces quatre années sont les plus obscures de la vie de Savonarole. Elles jetteraient, si elles pouvaient être mieux connues, un grand jour sur cet homme extraordinaire et sur le plan de réformes qu'il voulut faire triompher. Dans la retraite où il se voyait contraint de vivre, son imagination dut s'échauffer, sa pensée s'exalter, se replier ensuite sur elle-même et acquérir ce degré d'élévation inaccessible à ceux qui éparpillent leurs forces sur mille objets divers... Mais, dans le silence de la retraite et l'activité de son esprit, il ne pouvait se borner à observer et à gémir ; il sut chercher un remède à tant de maux : il reconnut qu'il fallait, avant tout, réformer les mœurs et ramener la société à la pureté des temps primitifs...[a] »

Retournant donc à ses novices et à l'enseignement biblique, Jérôme résolut d'agir désormais d'homme à homme et se voua sans réserve aux élèves qui lui étaient confiés. Parmi eux, se trouvait un Sylvestre Maruffi, que ses excentricités, ses incartades et sa tendance au somnambulisme classaient nettement parmi les faibles d'esprit : ce *minus habens* était néanmoins l'objet de visions qui ne laissèrent pas d'intéresser son supérieur, porté lui-même à de tels phénomènes, et cette communauté de goût pour le surnaturel devait jusqu'à la fin rapprocher le maître de l'élève. Un sentiment pareil, quoique d'ordre plus épuré, l'unit au frère Dominique de Pescia.

Délégué par son couvent à un chapitre dominicain qui siégeait à Reggia Emilia, petite ville au pied des Apennins, Savonarole devait s'y exprimer librement sur le sujet grave entre tous et qui, dès longtemps, était l'objet de ses soucis : la corruption inouïe de l'Église

---

a. PERRENS, *Savonarole, sa vie, sa prédication, ses écrits.*

du temps.

Pasquale Villari, dont l'ouvrage appuyé sur une scrupuleuse documentation peut être lu de confiance, fait un tableau saisissant de l'orateur et du philosophe incompris au moment où il va prendre part à cette rencontre : «... Profondément concentré sur lui-même, la tête baissée sous son capuchon, Savonarole siégeait parmi les moines.

Son visage était maigre et pâle, son œil cave, immobile et cependant plein de vivacité, le front sillonné de rides profondes. L'ensemble attestait un esprit dominé par de fortes pensées... Tant qu'on ne parla que du dogme, il resta calme et silencieux, ne prenant aucune part aux questions qui n' exigeaient que de l'habileté scolastique; mais, quand on en vint à la discipline, il se leva soudain; sa voix vibra, et semblable à la foudre il subjugua ses auditeurs, les tenant immobiles et muets [a]. »

« C'est à la démoralisation des clercs », assurait-il, « qu'il faut faire remonter la honte des temps. De vains spectacles, l'éloquence creuse, la musique, le cérémonial attirent avant tout les foules aux offices. Entrent en religion ceux-là seuls que séduisent le bien-être, les bénéfices ou l'influence politique. Faire partie du clergé, n'est-ce pas vivre de parasitisme et de paresse? A tous les yeux éclatent les scandales de Rome. Oui, si la foi se meurt, c'est que l'Église l'a tuée... »

On ne saurait accuser l'orateur de dépasser ici la mesure. « Un pape, rappelle Ph. Monnier, dans le palais pontifical célèbre des priapées; des prêtres tiennent des boucheries, des cabarets, des brelans, des lupanars; des religieuses lisent le *Décaméron* et se livrent à

---

a. Pasquale VILLARI, *Savonarole et son temps*.

des saturnales. Des couvents en sont réduits à l'état de cavernes de brigands ou à celui de mauvais lieux. Dans des églises, on godaille et ripaille. La Curie même est le siège de souillures, d'adultères, de viols, de débauches et de lascivités...[a] »

C'est donc plus grave encore que ce qu'a dit Savonarole. Et que doit-on penser de l'édit du Pape Pie II, renouvelé le 9 avril 1488 par son successeur Innocent VIII : *Il est interdit aux prêtres de tenir des maisons de prostitution ou de se faire pour de l'argent entremetteurs de courtisanes ?* ... (Monnier)

Certes, pour un simple moine, il y avait quelque risque à prendre aussi nettement position. Mais tel est l'effet d'une courageuse franchise qu'en suscitant des inimitiés on gagne aussi des sympathies : une amitié nouvelle allait lui apporter le précieux stimulant de l'affection partagée.

Au nombre des délégués attentifs à ces véhémentes admonestations avait pris place, à titre laïc, un lettré universellement connu, Jean PIC, prince de la Mirandole, homme d'un savoir prodigieux, qui se disait au courant de toute la science de l'époque et qu'on avait surnommé pour cela « le Phénix des grands esprits ».

Admirant en Fra Girolamo une qualité qu'il enviait parce que ne la possédant point lui-même — la conviction —, ce dilettante apporta d'emblée ses louanges et l'autorité de son nom à l'obscur religieux qui se dressait tout seul contre l'iniquité du siècle. Il l'appuya devant l'assemblée capitulaire et à Florence revint plein d'enthousiasme. La rencontre qui s'opéra ce jour-là entre le prédicateur si contesté et le lettré dont l'univers célébrait les mérites devait

---

a. RINALDI, *Annales Ecclesiae*, T. 30.

déterminer chez ce dernier une orientation nouvelle de la pensée. De païenne qu'elle était, elle s'éleva peu à peu jusqu'au Christ.

Ministère itinérant.

Il n'en fallait pas davantage pour rendre à Savonarole la conscience de sa mission et l'enflammer d'une ardeur nouvelle. Il revint au ministère de la parole. Mais, plutôt que de céder aux goûts frivoles des Florentins, on le vit reprendre au dehors sa tâche de frère prêcheur. C'est ainsi que, deux ans de suite, il gagna San Giminiano, la « ville aux belles tours » dressée sur sa haute colline aux environs de Sienne. Ses exhortations de carême ne tardèrent pas à remuer ici les foules. Recourant au témoignage des Écritures, il annonça sans ambages que, dans un avenir prochain, l'Église serait flagellée pour ses infidélités, puis connaîtrait un temps de régénération. De là, il se rendit à Brescia, l'antique cité lombarde, patrie d'Arnoldo, ce frère bénédictin du XIIe siècle qui, pour avoir prêché contre les vices et le pouvoir temporel de l'Église, fut brûlé à Rome comme hérétique. Loin de redouter un sort pareil, Savonarole la menaça de châtiments sévères. Un quart de siècle plus tard, Brescia devait, en effet, être mise à sac par les armées françaises conduites de ce côté-ci des Alpes par le roi Louis XII.

Ainsi s'affirmait chez l'orateur un goût décidé (lui-même y voyait un don du ciel) pour les oracles, voire pour les prophéties dont il trouvait des modèles auprès des grands inspirés de l'Ancien Testament.

Trois années durant, il allait mener cette vie de prédicateur ambulant qui devait le conduire derechef à Brescia, à Pavie, à Bologne, car ses préférences allaient aux populations de la Lombardie, dont il parlait le dialecte et partageait les goûts. Durant le carême de

1490, on le verra cependant pousser jusqu'à Gênes. Il avait repris confiance et retrouvé la paix dans l'action. A sa mère qui le priait de ne pas oublier Ferrare, il répondait résolument :

— Soyez sûre que je ferai pour vous tout ce qui sera en mon pouvoir et qu'il ne me coûtera aucun effort de venir. Mais n'en sera-t-il pas de moi comme du Christ, de qui ses compatriotes disaient : « N'est-ce pas là le charpentier, le fils d'un charpentier ?... »

Cette popularité croissante, jointe à l'amitié que lui gardait Pic de la Mirandole, motivèrent les nombreuses sollicitations de ce lettré exaspéré par les mœurs des clercs et, surtout, par celles de la papauté. A la conscience publique, bouleversée par ces scandales, ne fallait-il pas donner enfin une voix ?

Aussi bien, après avoir quitté Florence sous le signe de la défaite, Savonarole allait-il y rentrer sous celui de la renommée. Apparemment pour donner un exemple de simplicité chrétienne, il voulut — en juillet 1489 — y revenir à pied. C'était une imprudence. La fatigue, les peines et les macérations l'avaient affaibli ; elles eurent raison de son courage : en cours de route, il fut frappé d'insolation. Ranimé pourtant et accompagné jusqu'aux portes de la ville par un guide obligeant, il déclara qu'à peine celui-ci parti, un autre compagnon inconnu l'avait rejoint qui, dans l'or d'un soir d'été, désigna d'un geste la cité du Lys rouge et murmura à ses oreilles ces paroles fatidiques :

— Souviens-toi de faire les choses pour lesquelles Dieu t'a voulu désigner.

Voyant, dans ce rappel à une tâche ardue, un ordre d'En-Haut, il franchit avec courage la Porta San Gallo et reparut au couvent des Dominicains.

De la chaire de San Marco à celle du Duomo.

Repris tout entier par sa tâche de lecteur et enrichi d'expériences nouvelles, le *Frate* ne tardera pas à constater que son auditoire va s'étendre sans cesse : aux novices s'ajouteront peu à peu les religieux plus âgés ; à leur tour attirés, des laïques du dehors accourront, à la chute du jour, dans le petit jardin de la Via Larga, où, sous un rosier incarnat — dit le rosier de Damas —, une voix maintenant assouplie et toujours plus vibrante leur rappellera des vérités foncières. Savonarole veut appliquer à son époque les prédications des auteurs sacrés sur la corruption de la leur et fera remarquer que la situation de l'Église ne laisse pas de lui fournir des textes. Bientôt, le jardinet ne suffira plus. Il faudra songer à l'église même de Saint-Marc, cette nef longue et basse, restaurée par Jean Bologne, qui, accolée aux deux cloîtres, recevra plus tard les tombeaux des admirateurs du moine, Pic de la Mirandole et Ange Politien.

On assure que, devant l'ordre de son supérieur, Fra Girolamo hésita quelque peu. Après l'échec du carême de 1482, devait-il s'adresser derechef à un peuple frivole et changeant ? Différant sa décision jusqu'au lendemain, il passa la nuit en prière, mais, au matin, sa conviction était faite. Elle fut exprimée d'une façon qui ne laissa pas de frapper :

— « Je prêcherai demain », déclara-t-il avec force, « et non pas seulement demain, mais durant sept années »...

Comme le remarque Perrens, ce passage du jardin à l'église revêt une tout autre signification que celle d'un changement de lieu. De la *cattedra* ou pupitre de professeur, Savonarole va passer au *pulpito*, c'est-à-dire à la chaire de prédicateur, qui convient mieux aux grands sujets dont il veut entretenir les Florentins. Et comme thème de ses méditations, il n'hésitera pas à reprendre son livre favori, l'Apocalypse de saint Jean.

« Ce fut, dira-t-il plus tard, le dimanche 1er août que je commençai à l'expliquer publiquement. Pendant tout le cours de cette année, je continuai à développer ces trois propositions :

1. La rénovation de l'Église doit avoir lieu de notre temps ;
2. Dieu frappera toute l'Italie d'un grand fléau avant cette rénovation ;
3. Ces deux choses arriveront promptement.

Ces trois points, je m'efforçai de les démontrer à mes auditeurs afin de les en persuader… » Le succès de ces exposés devait être considérable.

« Ceux qui se souvenaient du Savonarole de San Lorenzo, aime à dire Roeder, virent en lui un homme nouveau, dominé par une opinion personnelle écrasante qui lui communiquait une énergie démoniaque (*sic*). Il prêchait comme quelqu'un qui défend sa vie ; il frappait, il exhortait, il touchait, il menaçait, se penchant par-dessus la chaire comme pour prendre cette masse à ses pieds et lui insuffler sa flamme… »

Aussi, la nef de Saint-Marc sera-t-elle à son tour trop petite pour contenir tous ceux qui brûlent d'entendre l'orateur. On grimpera aux murailles du chœur, on s'accrochera aux grilles des chapelles. Bientôt ce triomphe vaudra au Dominicain l'honneur de prêcher le carême de l'année suivante à Santa Reparata, l'église cathédrale plus connue sous le nom de *Santa Maria del Fiore*.

Dès lors, l'auditoire sera plus et mieux qu'un cercle d'admirateurs et d'amis. Avides de sa doctrine « exposée à la manière apostolique, sans ornement, sans intonation de théâtre, sans énoncé de problème », les foules se lèveront à l'aube, attendant patiemment l'ouverture des portes, et retiendront leur souffle afin de mieux l'entendre. Bien souvent, des soupirs, des sanglots scanderont ses périodes oratoires, ce qui, d'emblée, vaudra à ses partisans le surnom de *Piagnoni*, les « geignards ».

Mais — faut-il le rappeler ? — c'est en s'appuyant sur l'Écriture sainte comme sur des révélations qui lui sont personnelles, c'est en se sentant, de ce fait, le porte-parole du Dieu vivant, que Savonarole sera revêtu d'une force que de mauvais juges ont à tort présentée comme un penchant aux calamiteuses prédictions. Perrens, après Bayle, l'en accuse et ajoute avec un peu d'ironie : « C'est de ce ton qu'il faut parler quand on veut rendre efficace ce que l'on prêche prophétiquement. » Toutefois, il admet que tout était nouveau chez Fra Girolamo, et la forme et le fond. Il ajoute même qu'il faudrait, pour trouver quelque chose de semblable, remonter jusqu'aux prophètes juifs dont Jérôme s'était nourri et dont il prétendait renouer la tradition.

C'est exactement ce que l'on entend rappeler ici : Savonarole ne doit pas être considéré comme un précurseur de la Réforme ; avant tout, il est le continuateur du prophétisme biblique.

Qu'on note donc ce premier dimanche d'août 1489 : de ce jour date l'ascension prodigieuse qui, en peu de temps, fera du sermonneur jusqu'ici bafoué l'entraîneur inlassable d'une cité qu'il veut soumettre à Jésus-Christ. Avec une fougue, une passion, une véhémence que trois ans auparavant n'avaient point pressenties les rares auditeurs de San Lorenzo, le Dominicain honni des Florentins s'est révélé puissant en paroles.

V

Moine et tyran

> Le combat pour la liberté. — Résistance obstinée. — Savonarole ne s'en émut guère. — Suprême dialogue.

On sait avec quelle ferveur, tout en se courbant sous le joug de fer d'un despote, Florence demeurait éprise de liberté. Démocratie sévère, farouche même, elle entendait être gouvernée par le peuple. Ayant gardé à la noblesse, qui trop longtemps s'était usée en de stériles rivalités, une rancune tenace, elle ne tolérait aucun privilège du sang. Dès que se dessinait un mouvement tendant à rendre à la classe aristocratique quelque prérogative que ce fût, le peuple s'agitait et bientôt le bourreau faisait tomber les têtes. Florence haïssait tous les nobles.

En revanche, elle se montrait étonnamment débonnaire à l'égard de ceux qui, bourgeois enrichis par le négoce ou la finance, constituaient peu à peu sa classe dirigeante. L'exemple des Médicis — plébéiens qui, par un labeur opiniâtre, avaient conquis richesse et influence — montrait qu'en dehors d'une *nobiltà* créée par la force ou l'ancienneté, chaque citoyen pouvait un jour accéder au pouvoir. Et comme, pour durer, tout régime doit s'incarner en de fortes individualités et tout gouvernement reposer sur un petit nombre, ces démocrates violemment hostiles à une restauration nobiliaire admettaient sans difficulté l'ingérence de familles qu'on qualifierait aujourd'hui grands bourgeois.

Nonobstant quoi, dès que pouvait être articulé le grief d'usurpation de pouvoir ou de tendance à la tyrannie, sur l'heure, la colère des masses grondait et l'on s'écriait : *Libertà* !

Il suffira donc d'un homme de cœur, d'un chef intègre, ennemi de tout abus, pour qu'aussitôt le peuple se donne à lui : c'est ainsi que vont fatalement s'opposer l'un à l'autre l'humble moine et le maître souverain.

Le combat pour la liberté.

Dès ses premières prédications, on voit Savonarole, passionné de justice, se jeter du côté des faibles. On l'accuse alors de jouer au démagogue. Peu lui chaut ! Comment admettrait-il la perception de taxes arbitraires frappant de simples travailleurs ?

« Les pauvres au revenu de cinquante florins, affirme-t-il, en ont à payer cent d'impôts, tandis que les riches, du fait d'un favoritisme persistant, n'en paient aucun ou peu s'en faut. Les veuves ont lieu de se plaindre : on ne les écoute même pas ! … »

Assez rapidement et presque d'instinct, les mécontents vont se grouper, heureux de saluer dans le *Frate* l'homme qui les défendra. Ses amis s'effraient d'une popularité qu'il n'a point recherchée mais qui s'est imposée. Jérôme les laisse dire, estimant que Dieu même lui a ordonné de parler : « Toutes les fois que je songeais à poursuivre une autre route (déclarera-t-il plus tard), j'en arrivais à me haïr. » Et, rappelant les luttes soutenues à ce propos, on l'entendait évoquer la source même de ses inspirations :

« Je me souviens que, prêchant au Dôme en 1491, et mon sermon étant déjà composé, J'envisageai la possibilité de le supprimer et de m'abstenir désormais de décrire mes visions. Une journée et une nuit entière, je demandai — Dieu m'en est témoin — que toute autre vue ou doctrine me fussent refusées. L'aube étant venue, j'entendis, las et déprimé que j'étais par cette veille, une voix qui me disait : « Insensé ! ne vois-tu pas que Dieu te commande de continuer à suivre cette route ? Ce jour-là, je prêchai un sermon terrible ! … »

Dans la chaire, en effet, sa rude et véhémente parole dénonçait les scandales, les injustices, la corruption générale, et c'est à la force d'En-Haut qu'il attribuait l'influence de son verbe. « Dieu », écrivait-il à un autre prédicateur dominicain, « nous aide merveilleusement, bien que nous rencontrions de l'opposition parmi les grands de la ville. » Beaucoup, en effet, craignaient qu'il ne subît la destinée d'un Franciscain, le moine Bernardino, qui, pour avoir prêché contre l'usure, avait été condamné à l'exil.

— « Mais j'ai foi en Dieu », ajoutait l'intrépide Dominicain, « Il me donne journellement plus de courage et plus de persévérance. »

On insinuerait à tort que de tels appels devaient tomber dans le vide. Vierli — l'un de ses contemporains — rappelle les succès de l'orateur dans ses prédications de Sainte-Marie des Fleurs : « Savonarole prêchait-il contre le luxe et les ajustements immodestes des femmes ? Aussitôt on voyait celles-ci quitter l'église pour aller déposer leurs parures et revêtir des robes de couleur sombre. Tonnait-il contre les richesses mal acquises ? Aussitôt des restitutions avaient lieu : un citoyen, par exemple, s'empressait, en sortant du sermon, de restituer trois mille ducats dont sa conscience ne pouvait plus supporter l'injuste acquisition... »

Mais s'il agissait de la sorte sur les foules, peut-on dire que Savonarole atteignit au même degré l'élite, et notamment le maître de l'État ? Oui, certes ! Car si Jérôme flagellait avec toujours plus de vigueur les abus d'ordre politique ou social, desquels chacun se rendait coupable, il n'en redoublait pas moins d'invectives contre la tyrannie dont on suivait les funestes exemples.

Fort bien informé, autant par ses sbires que par la rumeur publique, le gouvernement s'en émut. On invita le *Frate* à venir exposer ses griefs au Palazzo Vecchio, cette majestueuse résidence des Prieurs qui, construite au XIVe siècle par Arnolfo di Cambio, domine encore de sa masse imposante et rigide l'ancien forum de la République, théâtre de ses assemblées, de ses émeutes ou de ses exécutions : c'est là que siégeaient les élus du peuple florentin.

Savonarole vit un défi dans cet appel de la Seigneurie et s'en vint exposer courageusement aux magistrats ce qu'il considérait comme les droits des gouvernés et les devoirs des gouvernants. En réalité, par-dessus leur tête, il visait le grand responsable de la situation, Laurent de Médicis, de sorte qu'entre le chef de l'État, homme de plaisirs et de faste, et Savonarole, porte-parole des classes laborieuses, l'opposition éclata promptement. Saisissante antithèse que celle du maître incontesté d'une cité puissante et du simple religieux ne disposant d'autres armes que celles de sa parole appuyée sur sa foi !

A la vérité, nombre d'abus réels et de torts causés aux petits n'étaient point le fait du seul souverain. Les Médicis avaient, avec persévérance, recherché le bien de la cité : leur popularité persistante prouve qu'on leur en savait gré. Mais ce bien matériel n'était point synonyme de liberté, et, sur ce terrain-là, Laurent se montrait médiocrement enclin à plier devant les injonctions du Frate.

Comme on l'a dit avec raison, les événements plus que sa volonté avaient fait de lui un despote. L'héritage et les devoirs d'une immense fortune qui le forcèrent à prendre le pouvoir alors qu'il n'était qu'un enfant, l'incontestable habileté dont il fit toujours preuve, le bonheur éclatant de ses initiatives, tout lui avait assuré les faveurs du peuple ; jamais il ne prit le titre ni les allures d'un dictateur ; la façade républicaine demeurait intacte : il était tout simplement le premier citoyen exerçant son influence dans les nominations aux emplois publics.

Résistance obstinée.

Les premières avances à l'égard du *Frate* vinrent du maître. C'était sur le conseil de Pic de la Mirandole que celui-ci l'avait fait rappeler à Florence. Selon toutes apparences, Savonarole n'envisageait point à ce moment une réforme de l'État ou de l'Église ; en acceptant de rentrer à Saint-Marc, il voyait une occasion d'ajouter, dans le domaine de l'éloquence sacrée, quelque lustre à celui qu'en tant d'autres matières s'était acquis la brillante cité des Fleurs.

Il faut, si l'on veut juger équitablement l'homme exceptionnel qu'est *Lorenzo il Magnifico*, faire le partage entre l'auréole dont artistes et écrivains l'ont nimbé et l'ombre crue que projettent sur lui des documents certains. Voyez la planche où s'opposent l'éphèbe triomphant que B. Gozzoli brossa sur les murs du palais Riccardi et le masque brutal — on a même dit bestial — qui fut moulé à Careggi peu d'heures après sa mort !

« De la nuit des siècles », a écrit Ph. Monnier, « sa figure ressort ceinte de lumière. Il passe à cheval parmi les champs d'oliviers et de roses, entouré de ses chiens et de ses favoris ; il se dresse au détour d'une allée, la main posée sur l'épaule de Pic de la Mirandole ; il rêve sous les étoiles aux mystères de l'amour et de la mort ; il penche son front pensif sur un débris antique, il rythme du doigt un *Canto carniascialesco…* »

Mais, d'autre part, ce poète initié à la moindre nuance de l'émotion est le tyran cruel qui commande le sac de Volterra, dérobe la dot des filles orphelines, ordonne les supplices et multiplie les pendaisons… Toutes les cultures mais aussi tous les contrastes s'amalgament dans cette personnalité partagée.

On a vu souvent en lui le fauteur du paganisme régnant. « C'est méconnaître », assure Eugène Müntz, « cet âge d'or où les esprits étaient également ouverts à tous les sentiments généreux. » « Le Magnifique, déclare-t-il, s'est plus d'une fois essayé dans des poésies religieuses : les pratiques de toute sa vie et l'histoire de ses derniers moments semblent montrer qu'il n'y avait là ni affectation ni surtout hypocrisie. »

G. Gruyer, au contraire, n'a pas de peine à établir les contradictions de cette nature impulsive : « Après avoir discuté sur l'immortalité de l'âme, il se mêlait aux jeunes gens les plus dissolus et s'abandonnait éperdument à la débauche. Ce délicat esprit, ami des plaisirs raffinés, épris des lettres et des arts, trouvait un bonheur singulier à composer des poésies obscènes, que l'on chantait si volontiers dans les rues de Florence[a]… »

Ainsi, bien que sensuel, pour ne pas dire foncièrement dépravé,

---

a. Gruyer, *Étude préliminaire au Savonarole de P. Villari.*

il Magnifico n'avait pas à ménager une opinion qui se montrait indulgente aux plus graves écarts. Au moins était-il exempt de tout pharisaïsme. Mais parce qu'on pouvait justement accuser le tyran d'indifférence foncière et parce que lui, moine obscur, se sentait né pour défendre la vérité, Savonarole ne répondit aux gestes courtois du souverain que par d'abruptes rebuffades. Ce qu'il réprouvait chez Laurent, c'était le culte de l'antiquité, auquel, par nature, s'était voué le Magnifique, car, quoiqu'on en dise, l'absence de tout souffle religieux dans la Renaissance italienne ne devait pas valoir à ce mouvement les sympathies du Dominicain dont les incessants réquisitoires visaient moins la personne que l'attitude intérieure du premier citoyen.

En juillet 1491, deux ans à peine après son retour, Savonarole devait être porté par la congrégation au rang de Prieur de Saint-Marc. Le couvent ayant de tout temps bénéficié des largesses des Médicis, il était de règle que le nouvel élu allât présenter ses hommages au chef de la riche et puissante famille. Les frères insistaient pour que leur chef observât la coutume. Peine perdue ! D'une indépendance farouche et ne voulant rien devoir à celui dont il avait à combattre l'influence, Savonarole, obstinément, s'y refusa.

— Est-ce Dieu ou Laurent, leur dit-il, qui m'a nommé Prieur ?

— C'est Dieu, lui fut-il répondu.

— Souffrez donc que je rende grâce à Dieu et non à un homme.

A l'ouïe de ces paroles qu'on lui rapporta, le Magnifique marqua son déplaisir : « Un moine étranger est venu habiter ma maison, et il ne veut pas me visiter !... »

Mais, comme il savait l'empire de son charme personnel et se piquait de largeur, Laurent voulut vaincre le rebelle par d'autres prévenances. Il vint donc se promener dans les riants jardins de Saint-Marc avec l'espoir d'y rencontrer Jérôme. Celui-ci demeura invisible, bien qu'on lui eût signalé la présence du maître.

— Lorenzo m'a-t-il demandé ? interrogea-t-il.

— Non, mais…

— Alors, qu'il se promène seul autant qu'il lui plaira !…

Et l'on en resta là. Une autre fois, Laurent fit déposer, dans le tronc des pauvres, une pile de florins d'or. Son chancelier, chargé du don, devait observer l'emploi qu'on en ferait. Savonarole sépara simplement l'or de l'argent et du cuivre. Puis il ordonna qu'il fût distribué à un ordre charitable — mais non pas à celui des Dominicains.

— Le chien du Seigneur (domini canis), déclara-t-il, ne cesse pas d'aboyer quand on lui jette un os !

« Ainsi », fait observer avec bonhomie le vieux Burlamacchi, « Laurent finit par se convaincre qu'il n'avait pas trouvé le terrain où il pouvait planter sa vigne… »

Décidément, le Prieur se montrait intraitable et, pour la première fois sans doute, le dominateur de Florence voyait se dresser devant lui l'homme pour qui l'or et l'argent n'étaient rien. Narquois et sceptique au début, il en conçut de l'humeur ; la suite montrera qu'une attitude intransigeante devait valoir au *Frate* l'admiration respectueuse de celui auquel il avait résisté.

Irrité toutefois par les attaques qu'il attribuait à un zèle mal éclairé, Laurent voulut donner à Jérôme un avertissement. On vit, un jour, cinq notoires bienfaiteurs du couvent, parmi lesquels étaient un Soderini, un Valensi et un Rucellai, tous représentants des plus riches familles, demander audience au Prieur. Ils venaient (soi-disant de leur propre chef, mais en réalité comme émissaires du Magnifique) faire comprendre à l'insubordonné que l'exil pourrait bien être le salaire de ses diatribes.

Savonarole ne s'en émut guère.

— « Vous prétendez, s'exclama-t-il, que vous n'avez pas été envoyés, et moi je vous déclare que vous l'avez été. Dites plutôt à Laurent de faire pénitence pour ses péchés, car Dieu ne craint personne et n'épargne pas les princes de la terre. Je ne redoute point votre bannissement. Votre ville est comme une graine de lentille dans la terre. La nouvelle doctrine triomphera et la vieille périra. Bien que je sois un étranger ici, et lui un citoyen, et même le premier de la ville, je resterai et il partira. Je resterai, répéta-t-il avec violence, et c'est lui qui partira !... »

Peu de jours après, en présence de plusieurs témoins, il prédit la mort prochaine du tyran qui, atteint d'une maladie grave, avait en vain pris les eaux dans plusieurs stations thermales.

A bout de patience, Laurent riposta en attaquant le don de prophétie que s'attribuait Savonarole. Puis, afin d'ébranler la réputation du fougueux Dominicain, il voulut faire prêcher à nouveau contre lui le trop fameux Mariano. Par malchance, celui-ci, qu'on sait orateur redondant et volontiers amphigourique, s'y prit de telle façon que l'auditoire écœuré se rangea du côté du Ferrarais. Le maladroit prêcheur fut dans l'obligation de quitter lestement Florence. C'était un échec pour le Magnifique qui, dépité, résolut de ne plus s'occuper de l'irréductible.

Leurs natures, en effet, étaient trop dissemblables, leurs génies opposés : Savonarole, l'homme de principes, farouche, scrupuleux, tout d'une pièce ; Laurent, l'homme des compromis, sceptique, opportuniste, toujours prêt à s'adapter. Comment entre eux éviter des éclats ? Mieux valait s'ignorer. C'est ce que, dédaigneusement, essaya de faire le brillant Médicis.

Mais si, dans sa souplesse, le prince voulait oublier le Prieur, celui-ci, du moins, voyait dans le pernicieux exemple du Magnifique la cause de tous les maux qui abaissaient Florence. Entre autres griefs, il lui reprochait d'avoir dilapidé (peut-être en voulant les gérer trop habilement) les fonds d'une institution de bien public, le *Monte delle Fanciulle*, car, dès longtemps, avait été prévu l'établissement d'une banque destinée, moyennant des versements plus ou moins élevés, à garantir aux filles pauvres une dot au moment de leur mariage. Et surtout, il l'accusait d'avoir privé le peuple de son bien le meilleur : la liberté. Sans doute ne voyait-il pas que, de cette indépendance, les factions auraient sûrement abusé : en la refusant à ses concitoyens, Laurent croyait maintenir l'ordre et assurer la grandeur de l'État.

Un jour cependant devait mettre en présence les deux grands adversaires, car le prodigieux duel se poursuivit jusqu'au bout.

Suprême dialogue.

Trop vite usé par les soucis du gouvernement et rongé par un mal incurable, Laurent, âgé de quarante-trois ans, avait, se sentant perdu, quitté le magnifique palais de la Via Larga pour sa résidence de Careggi, autre demeure princière qui, à une lieue de la ville, semble une forteresse. Peut-être désirait-il, au moment des grands règlements de comptes, rechercher la solitude qui prépare au recueillement. Il n'aurait pu mieux choisir que cette colline pleine d'ombre d'où les regards, attirés par les méandres de l'Arno, s'apaisent à l'heure du crépuscule parmi les douceurs du ciel toscan. On était en avril. Jamais l'adorable printemps florentin n'avait offert autant de charmes. Laurent, de jour en jour plus atteint, touchait déjà au seuil de la sombre vallée.

Après avoir reçu d'un prêtre les derniers sacrements, il reprit quelques forces et voulut qu'on cherchât le Prieur de Saint-Marc. « C'était, avouait ce grand sceptique, le seul moine honnête qu'il eût connu. » Après quelque résistance, Savonarole se rendit au vœu du mourant.

On a parfois contesté la réalité de cet entretien en excipant du fait qu'Ange Politien, l'humaniste ami de Laurent, ne l'a point mentionné. Rien cependant ne permet de douter qu'à cette heure suprême les deux antagonistes aient cessé de s'affronter. Tout au plus a-t-on peut-être dramatisé une scène dont sans peine apparaît la grandeur.

Étreint par les remords que laisse une vie où Dieu n'a eu que peu de place, plus encore, anxieux d'une fin qu'il sait toute proche, Laurent voit se dresser devant sa couche le rigide prédicateur de la repentance. Dans la chambre close, la robe blanche du Dominicain est la seule clarté qu'on perçoive. Savonarole, qui s'est laissé fléchir, rappelle d'un geste au mourant la miséricorde de Dieu et les conditions du pardon.

— Quelles sont-elles ? murmure avec angoisse celui devant qui naguère chacun s'inclinait humblement.

— D'abord, répond le Frate, une foi vivante dans la miséricorde de Dieu.

Laurent, d'un signe, indique qu'il entend s'y remettre.

— Puis, restituer les richesses mal acquises.

Après quelques instants de lutte, le moribond esquisse un geste d'acquiescement.

— Enfin, continue, solennel, celui qui s'est fait l'avocat des classes jugulées, rendre au peuple de Florence les libertés qui lui ont été ravies…

Le silence seul répond à cette ultime adjuration. Laurent, se retournant sur sa couche, montre qu'il ne veut rien entendre. Le dialogue a pris fin. … La même nuit (c'était le 8 avril 1492) passa Laurent le Magnifique.

Le maître de Florence venait de professer sans trop de peine une foi qu'il ne pratiqua guère ; il s'était montré prêt aux restitutions obligées. Mais en ce qui touche les prérogatives populaires, rien n'avait pu l'amener à un acte de justice. Faute d'avoir su se dominer lui-même, le despote était mort vaincu.

VI

ÉPURATIONS NÉCESSAIRES

> L'Église infidèle. — Les réformes au couvent. — L'attrait nouveau de Saint-Marc.

L'Église infidèle.

Du jour où la confiance des frères dominicains le plaça à la tête de leur communauté, un prestige croissant ne cessa d'entourer le Prieur de Saint-Marc. Si bien qu'en 1491 — deux ans après le retour à Florence — on l'avait vu sans surprise occuper la chaire du *Duomo*, l'immense et froide cathédrale de Sainte-Marie des Fleurs. Commencé à la fin du XIIIe siècle par le grand constructeur Arnolfo de Cambio, ce prodigieux vaisseau venait d'être coiffé par Brunelleschi d'une admirable coupole octogonale, triomphe de l'architecture du *Quattrocento*. Sous ces voûtes, que n'habite point l'ombre mystérieuse des grandes nefs gothiques, entre ces murailles d'une surprenante nudité, le verbe austère d'un moine ennemi des formes semblait exactement convenir. Rien n'aurait détonné davantage que le style fleuri d'un Mariano ou de quelque orateur trop orné. Aussi l'homme qui, dans le domaine civique, s'était attaqué au luxe et à tout apparat, devait-il, en matière religieuse, combattre avec la même énergie les pompes trop nombreuses dont, victime d'une tradition stérile, s'alourdissait l'Église du Christ.

Au cours de son ministère itinérant, on l'avait vu remplir le rôle d'accusateur public et — comment ne pas le redire ? — de prophète au sens originel du mot. A Florence, ses imprécations ne tardèrent pas à alerter le haut clergé, à émouvoir les prêtres et pareillement à remuer les masses. Fort de sa vocation, on l'entendra proclamer devant tous les vérités qu'au moment de quitter Ferrare il a si fermement exprimées à sa mère : « J'ai renoncé à ce monde pour devenir un ouvrier dans la vigne de mon Maître, pour sauver à la fois mon âme et celle des autres. Si le Seigneur m'a donné ce talent, j'en dois user selon Sa volonté... »

S'offrir ainsi comme instrument d'un Dieu de justice dont les yeux sont trop purs pour voir le mal, c'est assurément se sacrifier soi-même ; mais prédire sa condamnation à un monde plongé dans l'iniquité, c'est également faire un effort désespéré pour l'arracher à la ruine.

A Brescia, développant un thème emprunté à l'Apocalypse, ne s'était-il pas affirmé à la façon d'un Jean-Baptiste ? : « Votre ville deviendra la proie d'ennemis furieux ; les rues seront transformées en ruisseaux de sang, les épouses arrachées aux bras de leurs époux, les vierges violées, les enfants égorgés sous les yeux de leurs mères ; il n'y aura partout que feu, sang et terreur. C'est pourquoi, repentez-vous, pécheurs, afin que le Seigneur fasse miséricorde aux justes... »

[Comme on l'a vu plus haut, ces paroles prononcées en 1486 devaient avoir leur accomplissement presque littéral vingt-six ans plus tard, lorsqu'en 1512 la soldatesque française procéda au sac de Brescia.]

Mais, avant de discerner un pouvoir encore imprécis qui exercera sur le monde des jugements impitoyables, sa prescience va s'appliquer, avec une singulière justesse, à l'Église dont l'état de corruption semble empirer chaque jour. Jugeant donc avec sévérité de vaines cérémonies trop souvent dépourvues de tout sens spirituel, il voit avec douleur les profits que beaucoup en entendent tirer.

« Actuellement, il n'y a ni grâce ni don du Saint-Esprit qui ne soit objet de trafic. Les pères sacrifient à leur idole en pressant leur fils d'embrasser la carrière ecclésiastique pour les bénéfices qu'elle rapporte... On entend dire : Heureuse la maison qui possède une grasse prébende !... Mais moi je vous dis que le temps viendra où l'on dira plutôt : Maudite soit cette maison !... Et vous sentirez sur vous le tranchant de l'épée... »

Sur les désordres du clergé et ses mœurs dépravées, il ne s'exprimera pas avec moins d'emportement : « O prélats ! O soutiens de l'Église ! O seigneurs ! Regardez ce prêtre qui s'en va tout pimpant avec sa belle chevelure, sa bourse et ses parfums ! Allez chez lui, vous trouverez une table chargée d'argenterie, des chambres ornées de tapis, de draperies, de coussins. Ils ont tant de chiens, tant de mules, tant de chevaux, tant de serviteurs. Croyez-vous que ces beaux seigneurs vous ouvrent la maison de Dieu ? Non, leur cupidité est insatiable. Regardez dans les églises, tout se fait pour de l'argent : on y vend les bénéfices, on y vend les sacrements, on y vend la messe de mariage, tout par cupidité... Et de leur luxure, que dirai-je ? Ils bavardent tout le jour avec des femmes ; tout le jour, ils fréquentent des commères. Quand vous voyez qu'ils mènent mauvaise vie, ne permettez pas à vos enfants de rester avec eux... »

Avec une crudité qui est celle du temps, le prédicateur ne craindra pas de stigmatiser chez les clercs des mœurs qu'on ose à peine nommer. L'exemple, hélas! venait de haut! Sur le trône pontifical, après un Sixte IV perdu de vices, Innocent VIII se montrait un chef tout aussi indigne du siège qu'il occupait. Ses mœurs étaient soupçonnées et rien ne dépassait son népotisme. Sa seule politique, a-t-on dit, c'était d'enrichir ses enfants naturels. Le prédicateur du Dôme ne l'ignorait point et il avait poussé la hardiesse jusqu'à annoncer la mort prochaine d'un pape entièrement corrompu. Or, comme pour Laurent, l'événement avait, en 1492, confirmé des prédictions si nettes.

Un peuple naturellement porté à la superstition ne pouvait demeurer insensible à de tels accomplissements. D'autres visions qu'il développait avec feu ayant fortement impressionné son auditoire, le Prieur vit l'urgence d'un effort de réalisation. Toutefois, les premiers redressements devaient, à ses yeux, s'exercer non pas dans la cité ou la nation, mais d'abord dans l'Église : le pouvoir spirituel donnant l'exemple de la perversion, il n'était qu'un salut, revenir à la pureté originelle, retrouver la ferveur et la foi des chrétiens primitifs.

Mais, quoi! s'attaquer à un édifice profondément lézardé et prétendre à sa restauration, n'était-ce point courir le risque d'être écrasé sous ses ruines? Aussi bien, pour éviter un tel désastre et pour préparer une reconstruction d'ensemble, Savonarole voulut-il commencer par son propre troupeau et, avant tout, le remettre à droit fil.

Les réformes au couvent.

Au premier âge de l'Ordre des Dominicains, on trouve le goût de la simplicité et la pratique d'une vie dépouillée. En 1220, les frères prêcheurs avaient obtenu le privilège d'être considérés comme un Ordre mendiant, ce qui explique, en dépit de rivalités désolantes, la rencontre célébrée, dans une mosaïque admirable d'Andrea della Robbia, entre Dominique, enfant de la vieille Castille, et le *Poverello* d'Assise. Mais un établissement comme celui de Saint-Marc, où les représentants des meilleures familles de Florence gardaient leur place assignée, avait peu à peu perdu l'austérité primitive. On l'avait vu évoluer vers le faste et la vie la plus large.

Reconstruit, comme on sait, quelque cinquante ans plus tôt, sous Cosme l'Ancien, le Convento était devenu, grâce au tendre et délicat génie du Fra Giovanni, dit l'Angelico, un sanctuaire de la beauté. La considération qui entourait les Dominicains, les avantages matériels dont ils jouissaient, la suave attirance d'un cloître délicieusement paisible, tout devait rendre difficile à ses habitants un retour à la pauvreté voulue par le fondateur.

Jugeant fort ardu, dans l'enceinte même de Saint-Marc, un renouvellement des habitudes et des formes aussi bien que des dispositions intérieures des frères, Savonarole prétendit créer, en dehors de la ville, un monastère si modeste que les cellules y seraient de bois et qu'on en supprimerait comme superflues jusqu'aux serrures des portes. Il choisit pour cela le Monte Cano, ombreuse éminence qui domine la demeure laurentienne de Careggi. En réalité, toutes les collines environnant Florence ont des contours si doux et sont baignées d'une lumière si fluide que nul ne saurait considérer comme un exil le fait d'y résider, même à défaut de ses aises!

Cependant, à l'enthousiasme des novices pour le projet du Prieur devait s'opposer la répugnance des frères d'âge mûr que n'attirait aucunement la perspective d'habiter, loin de leurs semblables, une ingrate demeure. Le lieu fut proclamé malsain, les constructions trop coûteuses et, devant les clameurs, le Prieur dut battre en retraite. Mais il ne renonça pas pour autant à ses plans préférés. Allant plus loin que saint Dominique, Savonarole commença par imposer la règle du silence, celle de la contemplation et celle de la solitude ; réduisant les lits à une paillasse couverte d'un seul drap, habillant les religieux de vêtements rapiécés, les logeant dans de pauvres cellules, supprimant jusqu'aux livres ornés, il apporta dans ces réformes une rigueur que pouvait justifier le relâchement des habitudes.

Puis, ayant fait vendre tous les biens du couvent et de son *Ospizio*, il obligea les frères à vivre, non pas d'aumônes comme les Franciscains, mais de travaux : copier des livres, enluminer des manuscrits, cultiver l'architecture et les arts, autant d'occupations qu'il était bon de reprendre. On revint aussi à l'étude et à la prédication en vue desquelles l'Ordre s'était constitué. Car il avait pour but de former des prédicateurs et non des contemplatifs. Le Père (comme on aimait à l'appeler) institua trois chaires nouvelles pour l'étude de l'Écriture sainte, du dogme et de la théologie morale. Afin de mieux comprendre la Bible, les élèves eurent à étudier non seulement le latin et le grec, mais aussi l'arabe et le syriaque. On y ajouta la connaissance des langues orientales : ne fallait-il pas que les frères pussent sans difficulté évangéliser les Juifs, les Grecs, les Turcs et jusqu'aux Chaldéens ? La préoccupation missionnaire ne cessant de le hanter, Fra Girolamo décida que, pour étendre à tous les milieux la diffusion de l'Évangile, il convierait encore à ces cours les citoyens de Florence, qui, commerçants et voyageurs, pourraient contribuer selon leurs moyens à la propagation de la foi parmi les infidèles.

Quant aux frères Convers, chargés des soins domestiques, ils avaient, eux aussi, à entretenir leur vie intérieure sans qu'on pût les considérer comme des subalternes : au contraire, les réguliers auraient à les remplacer dans tous leurs travaux et Savonarole donna l'exemple en s'astreignant aux plus humbles besognes. Quelque novice négligeait-il les soins d'hygiène et de propreté, aussitôt son chef de manier le balai à sa place ! On en vint ainsi à pratiquer une sorte de communisme tel que l'entendaient les chrétiens des premiers âges. Malgré la diversité des fonctions, l'égalité rétablie se retrouvait dans tous les exercices de la vie commune.

Loin de se prévaloir de son rang pour échapper aux règles établies, Jérôme savait payer d'exemple. Ni sa cellule, encore intacte au premier étage du couvent de Saint-Marc, ni ses vêtements, ni sa nourriture, rien ne le distinguait des autres. Il se contentait, comme à Bologne, de quatre heures de sommeil par nuit, afin de mieux vaquer à la prière et à la méditation. Tant d'oubli de soi lui donnait une autorité considérable, tempérée d'ailleurs de finesse et d'à-propos.

Un jour, dans un brillant équipage, deux abbés de l'Ordre de Vallombreuse s'étaient présentés à lui, vêtus de laine très fine et de somptueuse apparence. Jérôme regarda, souriant, ces frocs qui ne semblaient guère convenir à des êtres ayant fait vœu de pauvreté :

— « Ne vous étonnez pas de la beauté de ce drap, murmurèrent les Bénédictins assez confus, nous le prenons car il dure davantage. »

— « Quel malheur, riposta Fra Girolamo, plein de douce ironie, que saint Benoît n'ait pas connu ce secret : il aurait sûrement fait comme vous ! »

La nature humaine étant ce qu'elle est, il devenait inévitable, ainsi que l'a remarqué Roeder, qu'on abusât de sa bonté. Au retour d'un sermon, tandis qu'il attendait son repas, le frère cuisinier l'oublia si totalement que, deux heures plus tard, on retrouva le Prieur encore assis à la porte de l'office et toujours dans l'attente !… Hors de la chaire, on le voit, il n'était guère irascible, et l'on assure que, dans l'intimité, se révélait une nature infiniment sensible et patiente.

Quant aux élans du cœur, rien n'indique qu'ils fussent par lui refoulés. « Réformateur de mœurs corrompues », a dit G. Gruyer, dont les affinités dominicaines ne nuisent point à l'impartialité, « Savonarole fut-il tellement absorbé par sa mission qu'il resta étranger aux relations affectueuses et aux douceurs de l'amitié ? Assurément non. Il était trop pénétré de la charité évangélique pour ne pas aimer les âmes ; tous s'accordent à vanter son affabilité, l'agrément de sa conversation, le charme pénétrant, si l'on peut dire, de son austérité. Pour s'en convaincre, il n'est que de compter ses amis et les dévouements qu'il inspira. »

Dans sa correspondance en effet, on trouve assez souvent des passages où se révèle un abandon au moins inattendu : «… Je me souviens toujours de votre douce charité », écrit-il de Bologne où l'a exilé Piero de Médicis, à un frère demeuré à Saint-Marc. « J'en parle souvent avec Fra Basillo, mon fils bien-aimé et votre tendre frère en Jésus-Christ… Nous vivons presque toujours dans la solitude. Semblables à deux tourterelles qui comptent sur le retour du printemps pour regagner leur patrie, nous attendons qu'il nous soit donné de revoir les lieux bénis où nous avons l'habitude de demeurer au milieu des fleurs et des joies du Saint-Esprit… »

Attachant et doux aux petits, affirme un autre de ses biographes, il s'attirait l'affection de tous. Auprès des jeunes, il faisait preuve de gentillesse, on dirait même d'enjouement. Apercevant un novice qui n'arrivait point à mettre sa robe, il s'empressa de l'aider, en ajoutant, taquin :

— « Quand je vous l'ai donnée, ne vous avais-je pas fait remarquer que vous auriez dû amener votre bonne avec vous ?... »

Contrairement aux apparences, il savait se détendre. Peut-être était-ce même sa règle préférée. Quand, d'autres fois, le démon de la mélancolie venait à le tourmenter, tout son effort tendait à l'asservir.

Ainsi, de par les amitiés et les sympathies des jeunes, ce pédagogue accompli sut faire du monastère un lieu d'où n'étaient pas exclus la grâce ni le sourire. Tel de ses biographes en a fait un tableau qui rappelle d'assez près les rapports du *Poverello* d'Assise et de ses frères mineurs. Il y a en effet, dans l'évocation qu'on doit au Père Pacifico Burlamacchi, une fraîcheur et une naïveté dignes d'être signalées à qui ne voit dans l'orateur du Dôme qu'un insupportable doctrinaire.

« Les religieux de Saint-Marc, rappelle ce narrateur, aimaient à se rendre en quelque lieu retiré ; là, après avoir récité l'office, ils s'entretenaient paisiblement de Dieu. Après le repas, ils prenaient un instant de repos, puis ils se réunissaient joyeusement autour du père qui leur expliquait quelque texte des Saintes Écritures. L'explication terminée, on marchait un certain temps, puis on s'asseyait à l'ombre d'un arbre. Le père proposait alors à leur méditation quelque beau passage des livres saints et interrogeait principalement les novices ; il leur faisait chanter quelque pieuse louange en l'honneur de Notre

Seigneur ou dire quelque beau trait tiré de la vie des saints. Puis il en prenait texte pour leur donner de sages leçons. Parfois, il les invitait à danser des rondes en s'accompagnant de la voix ; après quoi, l'on se remettait en route. Bientôt faisant une nouvelle pause, le père priait successivement chaque frère de lui expliquer, comme il l'entendait, un verset ou un passage de l'Écriture… Souvent, le soir, ils chantaient des psaumes et des hymnes avec une grande ferveur. Le paradis semblait être descendu sur la terre et l'on eût dit que des anges incarnés s'étaient rassemblés là… »

L'attrait nouveau de Saint-Marc.

Rien n'ayant plus d'attrait qu'une communauté où règnent la confiance et l'affection, le couvent de Saint-Marc vit promptement grandir le nombre de ses frères et, la contagion aidant, cet afflux de vocations dominicaines s'étendit à d'autres villes. Le Prieur crut le moment venu de gagner à ses réformes de nouvelles congrégations. Mais un obstacle se présentait : bien qu'en Lombardie les maisons de l'Ordre fussent indépendantes des maisons de Toscane, Saint-Marc, depuis la peste de 1448 qui avait décimé ses habitants, relevait du père provincial lombard ; il suffisait que, revenant aux dispositions primitives, Florence reprit son autonomie pour qu'aussitôt toutes les communautés de la province fussent soumises à son influence. Pour ce motif, Fra Girolamo se fit l'artisan de la disjonction.

On pouvait lui rétorquer que, dans une Italie aussi divisée, il fallait éviter la création de nouvelles barrières régionales. Mais les religieux étant à peu près seuls à n'en point tenir compte, Savonarole estima que la réforme des monastères importait davantage que l'unité nationale, et il alla de l'avant.

Pour réussir, il fallait d'abord passer par Rome. Deux Dominicains ayant sa confiance — le frère Dominique de Pescia et le frère Alexandre Rinuccini — n'étaient pas encore arrivés que déjà les partisans du statu quo se dressaient à l'encontre. Toutefois, neutralisé par le général de l'Ordre et par le cardinal Caraffa, le Pape consentit à la séparation ou plutôt s'en désintéressa.

A l'instant où son sceau venait d'être apposé sur le bref officiel, on vit arriver les délégués lombards qui y objectaient gravement.

— « Ah ! si vous étiez venus plus tôt », opina le Pontife toujours soucieux de s'épargner des tracas, « vous auriez eu satisfaction ; mais, maintenant, ce qui est fait est fait… »

Bientôt parvinrent à Saint-Marc des déclarations d'obédience auxquelles s'ajoutaient celles des communautés de femmes où d'énergiques épurations n'étaient pas moins nécessaires. Multipliant les voyages, Fra Girolamo créait entre elles un lien de plus en plus solide. Dès la réunion des divers chapitres, il fut, d'un consentement unanime, nommé vicaire général.

Chef de la congrégation autonome, il entreprit aussitôt avec une exceptionnelle vigueur quantité de mesures que l'on a toutes raisons d'appeler radicales. N'avait-il pas pour lui le fondateur même de l'Ordre :

— « Que ma malédiction et celle de Dieu, avait déclaré saint Dominique, retombent sur ceux qui introduiront parmi nous la possession des biens ! … »

Pris d'une sainte émulation, les religieux s'engagèrent à sa suite dans une série de retranchements, d'abstinences et de privations qui touchaient à l'ascétisme. La pauvreté fut pratiquée à la lettre. Les vivres furent réduits, les vêtements mesurés.

« On reconnaissait les Dominicains à leurs robes », écrit Roeder, « raccourcies et diminuées, serrant aux épaules et couvrant à peine les genoux, elles avaient l'air de sacs et, avec leurs capuchons rétrécis, leurs petits scapulaires et leurs sandales rapiécées, les religieux affamés semblaient des orphelins aux vêtements trop petits. Ils ne pouvaient même pas s'en dire possesseurs : comme leurs livres, comme leurs cellules, les robes s'échangeaient périodiquement ; même les objets de première nécessité devinrent des prêts ; la guerre à la propriété devint la guerre à l'identité personnelle, désagrégeant l'individu au profit de la communauté… »

On n'opère pas des remaniements aussi profonds sans susciter des oppositions, voire des inimitiés. Savonarole devait promptement en faire l'expérience. Pour le desservir auprès du Saint-Père, ses ennemis ne manquèrent pas de répandre les déclarations du prédicateur florentin sur la corruption du clergé et sur la cour papale, où, selon lui, « s'étalaient au grand jour tous les crimes engendrés par l'orgueil, la cupidité, la luxure… »

Il faut bien reconnaître que l'orateur ne mâchait pas ses mots : « … Vous croyez peut-être », déclarait-il aux clercs, « avoir apaisé Dieu par vos offices et vos cérémonies, mais je vous dis au contraire qu'il est irrité contre vous, prêtres et moines méchants, en commençant par ceux qui sont à Rome, car c'est vous qui avez détruit le culte divin !… De même que le Seigneur dévoilait en public les vices des scribes et des pharisiens, parce qu'ils ruinaient le culte intérieur et le salut des âmes, de même nous ne craindrons pas de parler contre les prélats, les pasteurs et les prédicateurs méchants qui, à l'extérieur, semblent avoir des mœurs honnêtes, mais au dedans sont pervers et causent la perte des âmes… »

« Prêtres, continuait-il, écoutez mes paroles ! Pasteurs et prélats de l'Église du Christ, quittez ces bénéfices que vous ne pouvez conserver justement. Renoncez à votre luxe, à vos banquets, à vos fêtes splendides ! Abandonnez votre mauvais train, car le moment est venu de vous repentir ! Moines, abandonnez toutes les superfluités de vos monastères et leurs opulents revenus ! Fuyez la simonie. Adonnez-vous à une vie simple et travaillez de vos mains, comme le faisaient ceux d'autrefois...[a] »

A qui résistait — et ils étaient nombreux, on l'a vu, parmi les religieux d'un certain âge —, le Prieur prodiguait ses encouragements en les puisant dans l'histoire d'Israël : « Quand j'ai fondé la règle, assurait-il, beaucoup se plaignaient de notre petit nombre. Je leur disais qu'un jour viendrait où se réaliseraient les paroles. « Seigneur, notre demeure est trop étroite, agrandis-la, afin que nous puissions l'habiter »... (allusion à Esaïe.26.15 ; 54.2). Or, ces paroles se sont vérifiées : autrefois nous étions à peine soixante-dix ; aujourd'hui, nous sommes plus de deux cents... »

Aussi bien, pour loger le surplus, fallut-il creuser un souterrain reliant le couvent aux bâtiments extérieurs. Ajoutés à la suppression des grasses prébendes, ces débours auraient sans doute compromis la situation matérielle de la congrégation si, parmi les nouveaux convertis, ne s'étaient inscrits des représentants des plus anciennes familles, les Médicis, les Gondi, les Strozzi, les Salviati, sans compter des intellectuels de marque tels que Pierre-Paul d'Urbin, professeur de médecine, Matthias Blément, israélite illustre, et bien d'autres encore. Saint-Marc redevenait ainsi le couvent patricien dont Florence était vaine.

---

a. Cité par Théodore PAUL, *Savonarole, Précurseur de la Réforme*.

Peu à peu, on vit les communautés toscanes, celles de Fiesole, de Prato, de Lecce, adopter la règle nouvelle. Mais lorsqu'il voulut aller plus loin, notamment à Pise et à Sienne, le Prieur se heurta à l'apathie générale, parfois à la malveillance. De Sienne il fut même chassé par une insurrection.

Mais, plus grandissait l'opposition et plus s'exaltait le courage du chef. Assuré désormais des réformes de ses établissements, Jérôme va former un plan de plus vaste envergure, l'étendre à d'autres régions de l'Italie, et, qui sait, pénétrer peut-être jusqu'au siège de la Papauté… : « Va donc à Rome… », s'écriait-il dans un de ses sermons.

Comme il assurait ne trouver qu'humanistes et lettrés là où l'on aurait dû rencontrer avant tout des témoins probes et fidèles, c'est à une croisade purificatrice qu'il songeait fermement. « O chrétiens! nous devrions sans cesse transporter l'Évangile avec nous, non pas le livre mais son esprit! Les vrais livres du Christ sont les apôtres et les saints, la vraie science consiste à imiter leur vie… »

Ne cessant d'attendre d'En-Haut l'ordre d'intervenir, Savonarole devait, à l'exemple de son Maître, se montrer plus que personne attentif aux signes des temps.

VII

Prieur et roi de France

> La rancune des grands. — L'expédition de Charles VIII. — L'alarme populaire. — La délégation auprès du roi. — La fuite du dernier Médicis. — L'entrée de Charles VIII

Dès l'année 1492, dans l'une de ses prédications du Duomo, Fra Girolamo avait, en termes pathétiques, évoqué la venue de troubles exceptionnels qui, à bref délai, frapperaient le pays tout entier.

Alors qu'il jeûnait et cherchait en priant l'inspiration d'En-Haut, il assurait avoir vu dans le ciel une épée sur laquelle étaient inscrites en latin ces paroles fatidiques : « Le glaive du Seigneur est sur la terre, tranchant et rapide. » Mais, en même temps, se faisait entendre une voix promettant la miséricorde à qui se repentirait. Puis l'épée s'était tournée vers la terre tandis que, du ciel obscurci, tombaient flèches et flammes.

Le jour du Vendredi saint, autre vision : cette fois, au milieu des éclairs et des tonnerres, une croix noire s'était dressée sur Rome, surmontée de ces mots : *Crux irae Dei*, croix de la colère de Dieu. A l'opposé, sur Jérusalem, apparaissait une croix d'or d'où rayonnait le texte inverse : *Crux misericordiae Dei*, croix de la miséricorde de Dieu.

Échappées de lumière sur un monde inconnu ou images naturelles à un tempérament d'orateur, ces adjurations avaient profondément remué l'auditoire de Sainte-Marie des Fleurs. On était d'autant plus disposé à les considérer comme des prophéties que l'horizon politique s'assombrissait de jour en jour et que le *Frate* proclamait à toute occasion une imminente catastrophe :

« Voyez », ne cessait-il de dire à ses auditeurs, « l'épée de Dieu est là, les prophéties sont vérifiées, le fléau commence. Dieu conduit ses armées. O Florence ! Il est passé le temps des chants et des danses ! Elle est venue l'heure de verser sur tes fautes des torrents de larmes ! Tes péchés, ô Florence ! tes péchés, ô Rome ! tes péchés, ô Italie, sont la cause de ces fléaux ! »

La rancune des grands.

Deux années ne s'étaient pas écoulées qu'en effet l'épée vengeresse devait être brandie sur la cité mécontente et toujours avide de changement.

A Laurent de Médicis avait succédé son fils Pierre, nature hautaine, tempérament colérique et souverain à qui manquait le sens du gouvernement. Sa belle prestance, son goût du plaisir, sa passion pour les jeux athlétiques avaient pu lui gagner quelque temps l'amitié et la fidélité des jeunes, passionnés à son exemple pour la palestre ou le ballon qu'on nomme le *calcio*. Mais, aux citoyens avisés qui tenaient à l'antique renommée de Florence, sa politique inconsistante et brouillonne n'inspirait que méfiance. Entre lui et la Seigneurie, bien que nul différend ne se fût encore produit, les rapports se tendirent. Un seul homme osait lui résister : c'était Savonarole, qui bientôt paya sa fière indépendance de langage d'un exil temporaire à Bologne.

Cette fois, ce ne fut pas à son ancien couvent, celui des Dominicains, qu'il borna son ministère. Sa réputation d'orateur l'avait précédé et les chaires de plusieurs églises furent mises à sa disposition. A vrai dire, la capitale de l'Émilie, qui se piquait de culture et conservait les traditions, n'était point sans redouter quelque peu cette éloquence à l'emporte-pièce. Lettrés et puristes reprochaient au *Frate* ce qu'ils considéraient comme des procédés oratoires dépourvus de finesse.

— « Prédicateur bon pour les femmes ! » s'exclamaient-ils, dédaigneux.

L'une d'entre elles, en tout cas, apprit à ses dépens que Savonarole ne ménageait pas plus les maîtres de Bologne qu'il n'épargnait ceux de Florence. Femme du tyran, Jean II Bentivoglio, qui courbait la cité sous sa poigne de fer, la *Duchéssa* ne se gênait guère d'arriver en retard aux prêches du moine ferrarais. Elle amenait ainsi de l'agitation dans l'auditoire. Le prédicateur commença par l'avertir très posément, ce qui fut de nul effet. Une seconde fois, il la pria de ne pas troubler le saint lieu. Mais n'obtenant rien, Frère Jérôme impatienté de cette désinvolture en vint à proférer des paroles sans fard :

— « Voyez donc », s'écria-t-il du haut de la chaire en désignant la princesse du doigt, « voilà le démon qui vient interrompre la Parole de Dieu !... »

Profondément vexée, la grande dame ordonna à deux valets

d'aller frapper l'insolent. Ceux-ci, sous son regard sévère, reculèrent obnubilés. Deux estafiers — deux *bravi* —, dépêchés plus tard dans sa cellule pour régler ce petit compte, ne furent, dit-on, pas moins impressionnés par l'autorité qui se dégageait de toute sa personne.

Sur ces entrefaites, apprenant qu'il pouvait rentrer à Saint-Marc, Savonarole entendit montrer au peuple bolonais qu'il ne redoutait point les rancunes des gens apostrophés par lui :

— « Ce soir », annonça-t-il à son dernier sermon, « Je pars pour Florence avec ma gourde et mon bâton. je m'arrêterai à Pianoro. Si l'un de vous a quelque chose à me dire auparavant, qu'il le fasse. Mais sachez bien que ce n'est pas à Bologne que l'on célébrera ma mort… »

Effectivement, il put, sans encourir aucune violence, regagner la Ville des Fleurs. Il la retrouva toujours aussi impatiente du joug qu'avec tant de maladresse Piero faisait peser sur elle.

L'expédition de Charles VIII.

Point n'avait suffi d'un décret de proscription frappant le Prieur pour détourner l'orage grondant sur la cité. C'était non seulement des colères du peuple que le despote devait subir l'assaut, mais aussi et surtout d'un pays avec lequel Florence avait entretenu jusqu'ici d'anciennes et cordiales relations : la France.

Là régnait Charles VIII, alors âgé de vingt et un ans. Il n'avait de Louis XI, son père, ni l'intelligence astucieuse, ni la volonté tenace, ni même le sens des réalités. A peine couronné, on l'avait vu, poussé par un besoin d'aventure, s'aviser de reconquérir le royaume de Naples qu'un prince d'Aragon venait d'enlever à sa maison. Inculte (on le disait même illettré), il s'imaginait pouvoir rouvrir en Orient, contre l'Islam, l'ère des croisades qui, comme l'a dit Guizot, « de son aïeul Louis IX avaient fait un saint ».

Pareil projet ne pouvait qu'éveiller l'intérêt de Savonarole. Assez imprudemment, le Prieur allait voir en ce très médiocre souverain un instrument de Dieu, alors qu'en réalité son entreprise avait toutes les apparences d'une équipée. Toutefois, on peut le constater aujourd'hui, elle fut, avec la découverte de l'Amérique, l'événement capital de la seconde moitié du XVe siècle : pour la France, le point de départ d'une ère nouvelle et, pour l'Italie, d'un affaissement prolongé.

L'été touchait à sa fin. Vu l'approche de la mauvaise saison et le manque d'argent, le roi de France trouvait opposition chez ses conseillers habituels. N'en ayant cure, il franchit les Alpes à la fin d'août. Parvenu à Oulx à la tête d'une faible troupe, son premier exploit fut, chose triste à dire, d'ordonner la pendaison d'un paysan qu'on disait « maître de la Vauderie », c'est-à-dire un Vaudois du Piémont coupable à ses yeux de n'être point catholique.

L'un des prétextes de l'expédition était un appel de Ludovic le More, souverain usurpateur du duché du Milanais. Aussi fut-on surpris de voir Charles VIII se détourner de Milan tout en réclamant au duc Jean-Caléas Sforza cinquante mille florins pour ses frais. Peut-être, n'ayant avec lui que quelques centaines d'hommes de pied, le roi se défiait-il de son allié ? Les troupes françaises, si redoutées, ne devaient en effet arriver que par mer et débarquer au port de Rapallo après une traversée mouvementée.

Malgré la pluie et les autans qui diminuaient l'enthousiasme des troupes déjà déçues par la mauvaise qualité des vins d'Italie, les soldats de Charles (armée de métier qu'on disait la plus formidable d'Europe) ne tardèrent pas à s'ébranler bientôt, à la grande terreur des populations. Dès la frontière toscane, ils furent arrêtés quelque temps par la fière forteresse de Sarzana, au pied de ces collines de marbre que sont les Alpes apuanes. Mais ils se dirigèrent sur Pise et sur Lucques, cités alliées ou plutôt sujettes des Florentins. La solide réputation de brutalité qu'on faisait aux cavaliers et fantassins du descendant de saint Louis explique assez l'émoi qui, à la mi-novembre de 1494, se répandit dans la cité de l'Arno.

L'alarme populaire.

Le Prieur de Saint-Marc achevait alors au Dôme une série de prédications sur le Déluge et montrait à ses auditeurs qu'une seule arche de salut leur demeurait ouverte : le repentir de leurs fautes et la foi en la miséricorde de Dieu.

Pour nous représenter le spectacle qu'offrait alors la vaste nef de Santa Reparata, cédons la place à un écrivain que ses origines slaves n'ont pas empêché de peindre avec vraisemblance une scène aussi pathétique [a] :

… Sous ces voûtes régnait une obscurité mystérieuse comme celle d'une épaisse forêt. En bas, les rayons du soleil, qui filtraient à travers les vitraux étincelants, tombaient en reflets irisés sur les ondes vivantes de la foule et sur la masse grise des murailles. Dans la pénombre brillaient les feux des chandeliers à trois branches allumés sur l'autel.

On attendait anxieusement le prédicateur. Tous les regards se portaient sur la haute chaire de bois fixée à l'une des colonnes. Tout à coup, sur l'océan des têtes, passa un bruissement, un murmure courut et s'enfla :

— *Viene, viene*, il vient !…

---

a. Voir MEREJKOWSKI, *La Résurrection des dieux*, (texte remanié)

On vit alors se dresser dans la chaire un homme portant la robe noire et blanche des Dominicains. Une corde lui tenait lieu de ceinture ; son visage était émacié et jaune comme de la cire, ses lèvres étaient charnues, son nez crochu, son front bas. D'un geste las, il laissa tomber sa main gauche, tandis que, de la droite, il élevait un crucifix. Sans mot dire, il parcourut l'auditoire d'un long regard. Un silence pesa, tel que chacun pouvait ouïr les battements de son propre cœur.

Peu à peu, les yeux immobiles du moine prirent une expression de plus en plus intense. Ils brillaient comme des charbons ardents. L'attente devenait insupportable. Il semblait que, de la foule incapable de se contenir, allaient jaillir des cris d'effroi.

Des accents passionnés s'élevèrent tout à coup : c'était la voix de Savonarole citant un passage de la Genèse : « *Ecce ego adduco aquas super terram* !... Voici que je vais répandre les eaux sur la terre ! »

Un frisson parcourut la foule. L'orateur avait, d'une seule phrase, saisi son auditoire et l'emportait, comme, dans son tourbillon, l'ouragan entraîne les feuilles sèches.

« ... Regardez, regardez, les cieux sont déjà noirs. Le soleil est rouge comme du sang ! Une pluie de feu et de soufre va tomber ; il y aura une grêle de pierres et de roches incandescentes. L'arche même va se fermer. Fuis, ô Sion... *Fuge o Sion, quae habitas apud filiam Babylonis* !...

O Italie, les châtiments vont venir après les châtiments ; le châtiment de la guerre après celui de la famine, le châtiment de la peste après celui de la guerre, le châtiment ici et là, partout le châtiment !...

O Florence ! O Rome ! O Italie ! le temps des chants et des fêtes est passé ! L'heure de la mort approche !... Pitié, pitié, Seigneur[a] !... »

Le prédicateur avait ouvert tout grands ses bras et prononcé presque à voix basse son appel suprême. Ses paroles s'éteignirent comme le bruissement du vent dans les feuilles.

---

a. Premier sermon sur Aggée (Avent 1494).

La délégation auprès du roi.

Tandis que la population demeurait accablée de ces menaces, Pierre de Médicis, guère plus rassuré qu'elle, crut faire un coup de maître en s'avançant au devant de l'envahisseur. La rencontre eut lieu à Pontremoli, petite cité fortifiée au pied de l'Apennin. En dépit de sa belle prestance et de l'autorité de son nom, le tyran n'avait aucune des qualités du négociateur. Il était timide, obséquieux, maladroit. On le vit offrir aux Français de tels avantages, que, s'exclame l'historien Philippe de Commines, seigneur d'Argenton, « ceux-ci riaient de ses concessions et s'en montraient si étonnés qu'ils firent demander à Florence si Pierre avait bien été chargé de cette mission et si la Seigneurie était disposée à les ratifier… »

Mise au courant de la couardise du prince, la cité de l'Arno s'indigna et refusa de souscrire à l'une quelconque de ses platitudes. N'avait-elle pas été de longue date l'amie et quasiment l'alliée des Français ? Et le roi Louis XI, en témoignage d'une bonne amitié, ne l'avait-il pas autorisée à ajouter à ses armes les trois lys de France ? Convenait-il qu'un souverain qui, sur le territoire de la Toscane, ne réclamait qu'un sauf-conduit et le libre passage de ses troupes, fût considéré comme un vainqueur imposant ses volontés ? En vérité, c'en était trop !

Pierre Capponi, bien qu'il eût été l'un des ambassadeurs des Médicis à la cour de France, n'en fut pas moins le premier à jeter un cri de révolte : « Il est temps d'en finir avec ce gouvernement d'enfants ! »

Aussitôt, une délégation, formée d'hommes choisis parmi les plus considérables de la ville, fut nommée pour intervenir auprès de Charles VIII et, sur le désir exprimé par le magistrat diplomate, qui était parmi les admirateurs du Frate, on invita Savonarole à s'y joindre. Le Prieur de Saint-Marc hésita longuement : pareil scrupule est tout à son honneur.

Attaché jusqu'alors à un mouvement d'ordre religieux et désireux avant tout de réformes monastiques, n'allait-il pas être entraîné sur un terrain moins sûr ? Toutefois, les chefs du peuple faisant appel à son influence, avait-il le droit de se dérober ? Après avoir pris l'avis des frères, il vit mieux son devoir et consentit à partir. Mais tel était son désir d'humilité qu'au lieu d'enfourcher le mulet qui lui était amené, c'est à pied qu'il voulut faire le chemin conduisant à Lucques.

Le 5 novembre, la députation atteignit cette cité, propriété des Florentins, qui dresse au pied des monts pisans la couronne de ses fiers remparts. Charles VIII reçut sans difficultés les plénipotentiaires. A la vue de celui qu'il avait dépeint comme le fléau de Dieu, grande fut alors la surprise du Prieur : ce n'était qu'un homme de petite taille, mal bâti, avec une tête énorme, des yeux gris, des lèvres pendantes. Par surcroît, imprégné de parfums. « A mon jugement », avait dit de lui un ambassadeur de Venise, « Je tiens que, de corps et d'esprit, il ne vaut pas grand'chose... »

Ce falot et hagard personnage était pourtant le souverain d'une nation déjà puissante en qui le *Frate* voyait l'instrument providentiel d'une régénération nationale :

— « Roi très chrétien », lui déclara-t-il, « écoute mes paroles et grave-les dans ton cœur : tu es un instrument dans les mains de Dieu pour soulager les misères de l'Italie, ainsi que je le prédis depuis plusieurs années. Tu viens pour réformer l'Église qui est prosternée dans la poussière. Mais si tu n'es pas juste et clément, si tu ne respectes pas Florence, ses femmes, ses citoyens, ses libertés, si tu oublies la mission pour laquelle Dieu t'envoie, il en choisira un autre pour la remplir. Il endurcira sa main et t'infligera de terribles afflictions. C'est au nom de Dieu que je te dis ces choses… »

De tels accents rappellent assez bien ceux d'un *roéh*, d'un berger d'Israël. Ils ne paraissent pas, il est vrai, avoir touché le monarque qui demeura impénétrable et laissa repartir les délégués sans leur faire connaître ses intentions. Ils devaient cependant laisser des traces dans son esprit hésitant et impressionnable.

La fuite du dernier Médicis.

Pendant qu'au camp français s'était déroulée la mémorable entrevue, à Florence grandissait l'agitation publique. Bien que sa piteuse aventure ne pût être ignorée, pour la faire oublier le tyran crut habile de simuler la confiance et, voulant donner le change, il lança des confetti de la fenêtre de son palais. Puis il fit distribuer du vin. Ensuite, il se rendit au Palazzo pour régler des comptes avec la Seigneurie. Celle-ci, tout uniment, le pria de renvoyer sa garde et, comme il insistait, ordonna de lui fermer les portes.

La foule s'assembla. Des sifflets retentirent, des cailloux furent lancés. Pièro voulut dégainer. Puis, toujours indécis, il tourna les talons. A ce moment, retentit la Vacca, ce tocsin des heures d'alarme bien connu des Florentins ; les citoyens descendaient armés dans la rue en criant : « Liberté ! »

Au palais des Médicis, l'un des frères du despote, Jean, le cardinal (qui deviendra plus tard le pape Léon X), essayait de balbutier un mot d'ordre et reniait son aîné en criant : *Popolo e Libertà !* Peine perdue ! on le tenait pour renégat : bientôt, après avoir gagné Saint-

Marc, il sortit furtivement de la ville sous la robe d'emprunt d'un Dominicain, ordre auquel il n'appartenait aucunement. Quant à Pièro, essayant une dernière fois de corrompre ses concitoyens, il jetait l'or à pleines mains dans l'un des quartiers pauvres. Puis, on le vit, pris de panique, franchir tout à coup l'une des portes de l'enceinte et, bride abattue, quitter Florence où il ne devait plus revenir. En quelques heures, l'œuvre de trois générations de Médicis se trouvait anéantie...

Cette révolution sans coups ni blessures démontra amplement l'impopularité du chef de l'État et témoigna de l'autorité croissante du Prieur, son inexorable adversaire. Lorsque, devant une foule vibrante d'allégresse, le *Frate* reparut en sa chaire du Duomo, il ne put taire la joie qu'il éprouvait aussi : « Le Seigneur a entendu nos prières ! une grande révolution s'est accomplie et le sang n'a pas coulé... »

Avec cette liberté de langage qui peut surprendre dans la chaire chrétienne, l'orateur ajoutait : « Dieu s'est apaisé en partie : il t'a donné, ô peuple ! cette première salade et te l'a fait manger doucement assaisonnée de résine !... »

Puis, reprenant son thème habituel : « Persévère, peuple de Florence, dans les bonnes œuvres, persévère dans la paix ; et si tu veux que Dieu persévère dans sa clémence, sois toi-même clément avec tes frères, tes amis, tes ennemis ; sinon les fléaux qui se préparaient pour le reste de l'Italie retomberont sur toi... »

Paix, union, tolérance, tel était le mot d'ordre d'un chef que n'abordait même pas l'idée d'une revanche. Pour lui, la chute du despote devait donner à la cité la liberté suprême : celle d'obéir aux ordres du Très-Haut.

L'entrée de Charles VIII.

Fixé à Pise, Charles VIII n'entendait pas rester inactif ni renoncer à son expédition. A toutes les supplications de la députation florentine, il avait maintes fois riposté :

— « Tout s'arrangera quand je serai dans la grande villa ! » Il fallait donc lui en ouvrir les portes. Or, non seulement on les ouvrit, mais il se fit qu'en plusieurs points on tint à les élargir.

Dès avant leur souverain, de nombreux détachements de troupes françaises, notamment des Gascons quelque peu turbulents, étaient venus prendre leurs quartiers. On voulait bien les accueillir en amis, mais il n'aurait pas fallu qu'ils parlassent en maîtres ! Tout aussitôt, la cité eût été en armes ; de toutes les maisons, de tous les palais, de tous les couvents même auraient surgi des défenseurs de l'indépendance. Par bonheur, aucun incident ne vint gâter les choses.

Mal informé de l'état d'esprit des Florentins, Charles VIII avait d'abord considéré cette explosion d'enthousiasme pour la liberté comme une révolte à son égard. On le rassura, lui rappelant combien la République avait toujours eu la France en amitié. D'ailleurs, il ne pouvait se faire d'elle une ennemie au moment de s'en prendre au royaume de Naples. Le monarque jugea donc expédient de faire à Florence une entrée solennelle.

Tout avait été préparé pour la rendre fastueuse. Aux portes des églises, des écriteaux proclamaient Charles VIII *Rex et Restaurator Libertatis*, ce qui était un peu bien louangeur. Aux balcons pendaient des tapisseries portant ses armes ; un char triomphal fut construit : on l'avait décoré de rameaux d'olivier et de palmes d'argent ; deux colonnes furent dressées, portant, elles aussi, les armes de France : l'Italie se complaît volontiers à ces bienvenues somptueuses qui, peut-être, ne révèlent pas exactement ses sentiments les plus secrets.

A la crainte du populaire avait succédé une confiance plus grande. Mais il fallait multiplier les contacts, car Pierre Capponi l'avait dit à son hôte : « Quand les Italiens se seront frotté le museau à celui des Français, ils en auront moins peur !... »

En dépit des splendeurs prévues, l'entrée du roi fut un peu maussade. C'était au crépuscule d'une journée de novembre, et, sur Florence enguirlandée, la morne pluie tombait. Abrité par un dais tout chargé de dorures et montant un superbe cheval noir, le roi parut, lance au côté. Mais cet être difforme, ce visage jaunâtre, cette expression absente et presque niaise ne pouvaient conquérir la foule. Les troupes, au contraire, imposaient par leur solidité : Gascons alertes, Suisses robustes, Allemands rigides et disciplinés, Écossais à l'arc bandé, tous défilaient en cadence, et surtout cette artillerie, formidable pour le temps, impressionnait la foule sans d'ailleurs l'indisposer.

Lorsque le roi descendit de cheval entre le Baptistère et le Duomo, une clameur s'éleva : « *Evviva la Francia !* »

Avec frénésie (réaction bien naturelle à ses terreurs d'antan), la population se livra, plusieurs jours durant, aux réjouissances qui, de très près, rappelaient celles du carnaval.

Les fêtes terminées, il fallut bien parler affaires et discuter avec le roi des conditions d'un accord. Charles VIII, toujours à court d'argent, n'ignorait pas que Florence était la ville des financiers. Il se fit exigeant : il ne lui fallait ni plus ni moins que cent vingt mille florins, dont la moitié comptant et le solde à six mois. Il réclama pour gage Pise et la forteresse de Sarzana. Cela encore fut accepté. Mais lorsque, circonvenu par la femme de Pierre l'Infortuné (car c'est ainsi que l'histoire le nomme), il proposa la restauration des Médicis, aussitôt l'humeur de la cité changea.

— « Plus jamais ! », clamaient les Florentins.

Une période de tension succéda à l'enthousiasme des premiers jours. Des patrouilles françaises furent attaquées. Des pierres volèrent des fenêtres. Partout on fourbissait des armes… C'est alors qu'une fois encore, cherchant le pacificateur, la Seigneurie recourut à Savonarole.

Il accourut au palais Médicis où résidait le roi et n'y fut admis qu'à grand'peine par les gens de service. Mais Charles VIII, qui n'avait pas oublié l'entrevue de Lucques, se porta à sa rencontre. Tenant à la main une croix d'ébène, Fra Girolamo exhorta chaleureusement le souverain en qui il croyait voir un nouveau Cyrus :

— « Abandonne », lui dit-il, « ton impie et cruel dessein contre le peuple de Florence qui est loyal et sans tache… »

Puis, le prenant par la main : « Tu dois savoir que c'est la volonté de Dieu que tu quittes la ville sans faire d'autres changements, sinon, toi et ton armée aurez à en répondre sur votre vie… Poursuis sans délai ta route. Ne provoque pas le courroux du Seigneur en causant la ruine de cette cité… »

On ne connaît pas la réponse du roi. Mais la suite prouve qu'il n'avait pas été sourd à des appels aussi directs. Toujours le vrai courage impose.

Les conversations reprirent donc entre Charles VIII et la Seigneurie, augmentée de tous les ambassadeurs présents. Il n'y fut plus question de Pierre de Médicis : le roi tenait moins à lui qu'à l'argent...

Et comme il insistait, menaçant de recourir à la force :

— « Je n'ai qu'à faire retentir nos trompettes... » on entendit aussitôt, de la bouche de Pierre Capponi, cette réponse aussi glorieuse que la sienne, réponse que répètent aujourd'hui encore, non sans fierté, tous les enfants de la Cité des Fleurs :

— « Et nous, nous sonnerons nos cloches !... »

Nonobstant de si vives étincelles, l'orage s'apaisa. Un pacte fut signé : Charles restituerait Pise et toucherait cent vingt mille florins d'or. Et, lorsqu'il eut prêté serment au Dôme, on l'affubla du titre, au moins inattendu, de... « Protecteur des libertés florentines... »

Il partit deux jours plus tard. Mais rien ne prouve que le mot de liberté eût pour lui le même sens que pour les concitoyens de Capponi !

Six mois après, ayant conquis Naples et triomphé de Rome, Charles VIII, inquiet de l'opposition que Venise et Milan faisaient à sa politique, tint à consulter le Prieur de Saint-Marc sur les chances qui lui restaient de rentrer sans encombre en France.

Effrayés par la perspective d'accueillir à nouveau le souverain qui les avait si fortement pressurés et plus anxieux encore de le voir tenter derechef une restauration des Médicis, les Florentins s'armèrent. Pour se mieux protéger, ils s'adressèrent à une image de la Vierge — *l'Impruneta* — qui devait leur valoir l'aide et la protection d'En-Haut. Une ambassade fut dépêchée à Rome pour en prévenir Charles VIII et lui rappeler sa promesse : rendre Pise à la République.

Devant le silence persistant du roi, l'envoi d'une seconde délégation fut reconnu nécessaire. Mais, cette fois, elle fut limitée à la personne de Fra Girolamo qui, le 17 juin 1495, rencontra le roi de France à Poggibonsi, autre cité toscane dans la région du Chianti. Fidèle à une habitude familiale, le fils de Louis XI promit un peu et tint le moins possible. Savonarole le lui prédit alors : le malheur ne pourrait qu'être son lot s'il ne s'attachait point à la parole donnée. En effet, au mois de décembre, le roi fut frappé du coup le plus dur : le dauphin, son fils unique, mourut brusquement en bas âge.

Du moins cette épreuve eut-elle pour résultat de le détourner d'une nouvelle expédition en Italie. La République, qui comptait sur lui pour tenir tête à Venise et à Milan, resta seule en face de ses ennemis. Même redoutable par ses prétentions et détesté pour son manque de fidélité aux promesses, le roi de France demeurait aux yeux des Florentins le grand soutien de leurs libertés.

A ce moment, Savonarole eut conscience du rôle ardu qu'il avait assumé : voir en Charles VIII un allié et, d'autre part, en faire un instrument de Dieu pour châtier la cité impie.

Sur ce point, peut-être était-il victime de sa prédilection pour les oracles. Aucun fils d'homme, fût-il des meilleurs, ne saurait impunément jouer le rôle de voyant.

VIII
Le réformateur de l'État

> Rénovation des pouvoirs. — Réformes économiques et sociales. — Réformes politiques. — Premières résistances. — Première intervention de Rome.

Comme à l'ouverture d'une succession, Florence, lorsque s'éloigna Charles VIII, dut procéder à une sorte d'inventaire. Elle en constata la gravité. Au dehors, ses rapports amicaux avec le souverain étranger lui avaient aliéné les sympathies des princes italiens, cependant que Pise et d'autres villes sujettes s'armaient délibérément contre elle. Au dedans, s'étaient installées de véritables plaies sociales : chômage, marasme du commerce et de l'industrie, dettes énormes de l'État.

A quoi s'ajoutait un manque d'esprit civique dû aux soixante années de tyrannie pendant lesquelles les Médicis accaparèrent le pouvoir sans jamais songer à l'éducation politique du peuple. Il ne suffisait pas d'avoir chassé ses maîtres et de s'être déclarée libre pour être apte à se gouverner ! Par surcroît, éloignés depuis trop longtemps des affaires publiques, les citoyens demeuraient indifférents et n'arrivaient pas à prendre conscience de leurs obligations.

Le parti populaire qui avait assumé le pouvoir ne professait, sur l'art de mener les hommes, aucun de ces principes ou même de ces axiomes faciles qui peuvent séduire et convaincre. Surtout, il manquait de chefs. Qui sait à quelles faiblesses eût abouti la République si un homme populaire entre tous — mais un homme d'Église — n'avait été là, pour panser les plaies d'un corps affaibli et lui infuser un sang nouveau ?

Rénovation des pouvoirs.

Ce fut donc vers Savonarole que se tournèrent les regards. On l'invita à collaborer à la réorganisation de l'État et même à proposer une formule qui donnât à celui-ci l'autorité nécessaire. Sans se dissimuler les périls de cette mission, il ne se sentit pas libre de l'écarter de sa route.

Prendre part à la vie civique, c'était pour lui une exceptionnelle occasion d'appliquer à la direction des affaires l'esprit qu'avec sa propre communauté il avait voulu infuser à celles de l'Église : par là même, c'était combattre les abus, assurer plus de justice, influer sur les destinées d'un peuple. C'était, il est vrai, risquer un échec dans un domaine qui n'était pas le sien. C'était encore choisir entre divers systèmes politiques sur lesquels il n'avait pas les clartés d'un citoyen mêlé de longue date aux luttes de la cité.

A tout le moins, c'était créer de nouvelles oppositions, réveiller des animosités, encourir le discrédit, braver peut-être la mort...

Savonarole entrevit certainement tout cela. Et cependant il n'hésita point. Certes, il ne manquait pas de précédents à l'intervention d'un représentant de l'Église dans les affaires de l'État. A Florence même, l'archevêque Antonin ne s'était-il pas maintes fois élevé contre des lois qu'il jugeait iniques ? Et si l'on admettait de donner à la politique une base morale et religieuse, pourquoi objecter à l'ingérence d'un prêtre ou même d'un simple religieux ?

Considérant donc l'appel des Florentins comme un ordre de Dieu, et ce en dépit des opposants, le Prieur se dit prêt à obéir. « Si l'on a pu prétendre », déclara-t-il dans un de ses premiers sermons, « que l'on ne gouverne pas les États avec des patenôtres, souvenez-vous que, pour avoir un bon gouvernement, il faut se rendre à Dieu. S'il n'en était ainsi, je ne me mêlerais pas de politique... »

Aussi, les premières hésitations vaincues, est-ce avec une ardeur immense et une véritable allégresse qu'il s'attaqua à sa tâche nouvelle. Mais, pour débuter, à quelle forme de gouvernement Savonarole allait-il se rallier ? Républicain ? A la vérité, il ne l'était ni d'instinct ni de traditions. Les disciplines théologiques et scolastiques du moyen âge dont il portait l'empreinte tendaient bien plus à l'autorité d'un seul qu'au partage des responsabilités réclamé par la démocratie. Cependant, il avait vu où conduit un pouvoir exclusif et sans contrôle. De plus, il n'était point fermé aux avantages qu'avaient obtenus les pouvoirs populaires tant dans la Florence du passé que dans les autres républiques italiennes.

Sous réserve d'apporter au ménage de l'État les réformes utiles, une structure plus démocratique de la cité n'était donc point pour lui déplaire. Le sentiment de ne plus se borner, comme il le disait parfois, au rôle de serviteur inutile, l'assurance d'être en communion d'idées avec les plus humbles, — ceux qui peinent et souffrent de mille injustices —, la conviction enfin que l'heure était venue de réaliser dans la communauté des citoyens quelques-unes des promesses messianiques contenues dans l'Écriture sainte, tout cela fit déborder son cœur. On comprend son exclamation de joie lorsque, du haut de la chaire, il annonça sa décision au peuple qui l'attendait haletant :

« O Florence ! Si je pouvais te dire tout ce que je sens en moi ! Oui, si je pouvais tout te dire, tu verrais une nouvelle cuvée scellée, dans laquelle fermente un moût qui ne trouve pas à s'échapper ! …[a] »

Ce moût, ce ferment qu'il évoquait, c'était l'enthousiasme général éveillé par les propositions du gouvernement, enthousiasme qui devait lui valoir, à lui, le Frate, une popularité sans égale jusqu'au jour où il apprendrait à connaître l'instabilité des faveurs populaires. Mais à cette heure, une sainte ivresse, celle qui naît du devoir accompli, lui assurait un regain de forces et un afflux d'idées nouvelles. Le contact fut donc établi sans retard entre le Prieur de Saint-Marc et les citoyens installés au Palais Vieux comme chefs et serviteurs de la République.

On sait que, sitôt les Français partis, un gouvernement provisoire de vingt Électeurs ou Accoppialori avait été nommé par acclamation. Puis une assemblée chargée d'élire les magistrats s'était attaquée à la réforme de la constitution. Le parti populaire, dirigé par un notable respecté, Pierre Soderini, avait toutes les sympathies du *Frate* ; il préconisait l'intronisation d'un Grand Conseil, sorte de corps électoral qui déléguerait ses pouvoirs à une Chambre haute de quatre-vingts membres, à laquelle se superposerait le pouvoir exécutif, c'est-à-dire la Seigneurie et ses collèges. [On appelait Collège la réunion des seize Gonfaloniers des compagnies et les douze Buoni-Uomini siégeant avec la Seigneurie, à laquelle ils servaient

---

a. 13e sermon sur Aggée (12 décembre).

d'assesseurs.]

Il fallait expliquer au peuple florentin les avantages de ce système éminemment démocratique imité de la constitution vénitienne. Qui donc le ferait mieux que Fra Girolamo ?

En conséquence, ne cessant d'attirer la foule à l'intérieur du Dôme, l'énergique orateur prit quotidiennement la parole devant un auditoire si compact qu'il fallut en écarter les femmes. Certains jours, on compta de treize à quatorze mille présences. Et ce n'était pas les seuls citadins qui se pressaient là ; on voyait aussi les *contadini*, les paysans des collines et des montagnes environnantes, qui s'acheminaient nuitamment vers la ville pour pouvoir, dès le petit matin, occuper une place à Santa Reparata. Avec pas mal de générosité, les citadins aisés se montraient prêts à les recevoir et même à les héberger en grand nombre.

Ne séparant pas une réforme politique d'un réveil de la vie religieuse, le Dominicain s'efforçait de stimuler celle-ci par de fréquentes processions, mais, comme au Dôme, le sexe faible en était exclu. La politique, déclarait le Frate, est l'affaire des hommes !

Peut-être, de cette façon, s'aliéna-t-il un élément dont l'influence secrète, le plus souvent bienfaisante, aurait été pour lui une force et un appui. Tel était son irrésistible ascendant qu'il triomphait alors de toutes les résistances et que l'opposition n'osait regimber ni relever la tête.

Au cours de ce grand effort d'éducation populaire, Savonarole entendait tirer enseignement des abus du pouvoir personnel dont Florence avait trop longtemps pâti ; aussi ne cessait-il d'en instruire un auditoire atteignant de près la totalité du corps électoral.

« Malheur à toi, Florence, si tu prends un chef qui puisse dominer les autres ! C'est de là que surgissent tous les maux qui ruinent la cité. Un tyran, c'est un homme de vie immorale qui usurpe les droits d'autrui, qui avilit son âme et celle de son peuple. La première loi que vous ayez à faire est donc celle-ci : — Que nul ne puisse à l'avenir s'instituer maître de la ville ! Sinon, vous bâtirez sur le sable... »

Étendant son regard de la cité du Lys à l'ensemble de la péninsule, le grand patriote semblait emporté par un souffle régénérateur, qui ne fut pas seulement le prototype d'un *Risorgimento* mais la promesse d'un universalisme dont il faudra, longtemps encore, attendre les effets :

« Peuple de Florence, tu vas entreprendre la restauration de l'Italie entière, tu étendras tes ailes sur le monde pour propager au loin la réforme de toutes les nations. Souviens-toi que le Seigneur a manifesté son désir de renouveler toutes choses : tu es le peuple élu pour cette grande entreprise, mais il faut pour cela que tu suives ses commandements... »

N'est-ce point, quelque deux mille ans après Amos, Zacharie ou Aggée, l'évocation des perspectives et le reflet des espérances qui s'appliquaient alors aux descendants d'Abraham. Et le grand visionnaire n'entrevoyait-il pas le jour où les unes et les autres s'étendraient à l'humanité tout entière ?

Encore fallait-il que le règne du divin Maître et son expansion jusqu'aux extrémités du monde fussent marqués par des mesures d'ordre local dont les fidèles tirassent quelque avantage. Celles qui allaient être prises seraient, on ne peut le méconnaître, l'application directe des principes chrétiens tels que les entrevoyait le *Frate*.

L'assemblée du Grand Conseil proposée par le parti populaire et appuyée par lui fut tout d'abord approuvée, encore que sa forme démocratique ne puisse être confondue avec celle que l'âge moderne a basée sur le suffrage universel. L'électorat n'était acquis qu'à vingt-neuf ans, et un cens, portant sur la fortune, la naissance et l'impôt, le limitait à trois mille deux cents bénéficiaires ou *benefiziati*[a]. Le Grand Conseil — on l'a vu plus haut — avait pour tâche principale l'approbation des lois et la nomination des magistrats ; quant à la Chambre haute de quatre-vingts membres, Consiglio degli Ottanta, elle était là pour expédier les affaires et servir d'intermédiaire entre Grand Conseil et Seigneurie.

Sur ce point — la forme du gouvernement — on peut juger de l'importance que revêtaient, aux yeux de Savonarole, les expériences de la nation sainte, celle que, selon la promesse faite au désert de Charan, Dieu s'était réservée comme instrument de son action sur la terre :

« Le peuple d'Israël », déclarait-il aux magistrats qui sollicitaient son concours, « se gouvernait alors comme fait aujourd'hui le peuple de Florence : il n'avait ni roi ni prince temporel. Dieu lui envoyait un prophète que les gens appelaient juge et qui n'avait aucune autorité, aucun pouvoir sur le peuple, ni pour tuer ni pour prononcer sur quoi que ce soit. Mais ils lui demandaient conseil, et le juge, après s'être mis en prière, répondait ce que Dieu lui inspirait... Ton gouvernement, ô Florence, est donc semblable à celui du juge des Israélites ! »

Un mois à peine s'était écoulé depuis le départ de Charles VIII

---

a. Les benefiziati étaient les citoyens de la 3e génération qui avaient reçu le benefizio de leur père, de leur aïeul ou parfois de leur bisaïeul.

que déjà le pouvoir nouveau avait rétabli une situation sérieusement compromise. Le peuple, assemblé sur la Piazza, déclara en remercier Dieu puisque, grâce à l'intervention du *Frate*, l'ordre ne cessait de régner. Mais, ce pouvoir dûment installé, encore fallait-il prendre les mesures nécessaires à la bonne marche de l'État.

Réformes économiques et sociales.

Car une crise économique anémiait l'organisme naguère si vivant de Florence. Elle jetait dans la misère les artisans et les boutiquiers dont les nombreuses échoppes donnent à la cité de l'Arno tant de couleur et d'animation.

Savonarole, aussitôt, proposa de subvenir à leurs besoins en instituant deux quêtes publiques, l'une pour ceux de la ville, l'autre pour les campagnards également frappés, ajoutant que si le produit devait en être insuffisant, il ne faudrait pas hésiter à convertir en or et en argent monnayé les vases des églises. Il s'offrit à donner lui-même l'exemple en commençant par Saint-Marc.

Autre mesure efficace, il importait de fournir au peuple des occasions de travail : « Ordonnez par décret », disait-il aux gouvernants, « que les boutiques soient ouvertes et donnez une occupation à tous les oisifs de la rue ! »

Mais, au cours de cette période troublée, les dettes allaient se multipliant. Fra Girolamo convainquit le gouvernement d'en faire largement rémission. La rigueur des lois avait en effet frappé des citoyens que leur mérite ou le nom porté par eux n'empêchaient pas d'être écartés d'office en cas d'impécuniosité.

Dès l'intervention du Frate, les actes d'amnistie se multiplièrent. C'est ainsi que, le 8 juin 1495, fut publié le décret suivant : « Considérant que Messer Dante Alighieri, arrière-petit-fils du poète, ne peut rentrer dans la ville parce qu'il n'est pas en état de payer la taxe dont il a été frappé et jugeant qu'il est convenable de témoigner quelque gratitude à la postérité d'un homme qui a été pour la Cité un si grand ornement, les Magnifiques Seigneurs et Gonfalonniers décident que les sentences d'exil et d'internement, prononcées contre le dit Messer Dante, seront regardées comme non avenues... »

Pour être tardive, pareille réparation dénotait un changement de dispositions singulièrement nécessaire.

Enfin, solution toujours bien accueillie, il proposa d'alléger les impôts, surtout des classes inférieures, « qui, disait-il, ne possédant point, ne doivent point payer. Et il exhorta le pouvoir à faire à tous bonne justice.

Cette réforme des impôts était l'une des plus pressantes. Mais il ne suffisait pas de combattre les répartitions arbitraires, les contributions forcées, l'affermage des perceptions : il fallait, mieux encore, restaurer la confiance et encourager l'industrie en transformant le système fiscal. A défaut de lumières en matière de finances, le Prieur crut, toujours à l'imitation du peuple élu, pouvoir recommander l'établissement de la dîme. C'était l'impôt unique appelé la *Decima* s'opposant avantageusement à celui que l'on nommait *arbitrio*.

Toutefois, comme il s'agissait de pourvoir aux dépenses courantes de l'État, de régler en outre aux Français l'indemnité qu'ils avaient imposée et de parer aux frais de la guerre contre Pise, d'énergiques protestations s'élevèrent. On vit d'abord les magasins se fermer, puis s'organiser une sorte de grève des contribuables ; enfin des poursuites furent dirigées contre tous ceux qu'à tort ou à raison on rangeait parmi les détenteurs d'or. Par malchance, le couvent de Saint-Marc venait de recevoir en dépôt des valeurs qu'avant sa fuite y avait dissimulées le cardinal de Médicis ; le *Frate* eut donc quelque peine à échapper à l'accusation de recel. Or, le grief n'était pas mince, car tel thésauriseur notoire, pendu haut et court à l'un des Palazzi, témoignait par son sort tragique de la rigueur des répressions.

On vit aussi, dans un accès de colère non moins unanime, le peuple se soulever contre les Juifs, qui, à Florence comme ailleurs, pratiquaient le prêt d'argent à des taux souvent excessifs. Déjà, au temps des Médicis, les Franciscains avaient mené campagne contre les *Giudaïci* et suscité pas mal d'agitation. Savonarole, peu porté à la mansuétude, renouvela cette attaque contre l'usure fâcheusement représentée par les descendants de Jacob. Il en dénonça « la pestilence et le ver rongeur tolérés par la secte perfide et ennemie de Dieu ». En peu de temps, tous les prêteurs israélites durent s'éloigner de Florence.

Dès le mois de décembre 1495, un mont-de-piété — institution dont on doit l'idée originelle au Franciscain Bernardin de Montefeltre — fut organisé avec promesse de gérance sur des bases chrétiennes, c'est-à-dire avec un intérêt ramené à six au lieu de trente-deux et demi pour cent : administrateurs et soutiens ne touchaient eux-mêmes aucun bénéfice. C'était une application, au moins partielle, des préceptes de l'Écriture sainte [a]. La loi qui l'instituait débutait par ces mots : « Heureux celui qui veille sur l'indigent et sur le pauvre ; au jour de l'adversité, il sera délivré par le Sei-

---

a. « Tu ne tireras de ton frère ni intérêt, ni usure ; tu craindras ton Dieu et ton frère vivra avec toi. » Lévitique.25.36. « Si tu prêtes de l'argent à mon peuple, au pauvre qui est avec toi, tu ne seras point à son égard comme un créancier, tu n'exigeras de lui nul intérêt. » Exode.22.25

gneur. »

Ce *monte*, comme on l'appelait à l'exemple des banques populaires, était l'institution dans laquelle le Prieur voyait un des moyens les plus efficaces de pacification sociale. « Je vous le recommande », disait-il au cours d'un de ses sermons sur Amos. « Que tout le monde lui vienne en aide. Les femmes surtout devraient donner tout leur superflu… Que chacun apporte son offrande et qu'elle ne consiste pas en quattrini (autrement dit, en rouges liards) mais en ducats. »

C'est ainsi que, pour soulager les misères très réelles du menu peuple, il montrait son devoir au peuple gras.

Fait significatif, un auteur de ce temps, Ferdinand del Migliore, assure qu'un fils d'Israël, inquiet du tort que cet établissement ferait au prêt à usure, offrit à la République une somme de vingt mille florins pour en empêcher la création.

Réformes politiques.

Dans le domaine de la justice politique et criminelle, les progrès furent moins rapides. Confié à un département spécial de la Seigneurie — les Huit de garde et de Balie (*Otto di Guardia e di Balia*) — qui, pour divers délits, décrétait les amendes, l'emprisonnement, le bannissement et jusqu'à la mort du coupable, l'exercice de ce pouvoir avait entraîné de nombreux abus. On proposa, et Savonarole s'en fit en quelque sorte l'avocat, d'instituer un droit d'appel au Conseil des Cinq Cents : c'était courir le risque de provoquer des divisions nouvelles. Sous le nom d'« Appel des six fèves [a] » (*Legge*

---

a. Pour s'expliquer ce terme, il faut savoir qu'à Florence on votait avec des fèves, les fèves noires indiquant l'adoption, les blanches le rejet. La majorité *delle seifave*), cette mesure eut l'appui du parti aristocratique. Mais elle fut votée sous sa forme la plus ample, précisément celle qu'avait combattue le Prieur, lequel, fidèle démocrate, trouvait exorbitant que la décision de cette majorité devînt irrévocable. C'est pourquoi il s'éleva contre elle et finit par obtenir que le droit de recours serait conféré au Grand Conseil. Malheureusement, de cette réforme dénaturée, ses ennemis voulurent aussitôt se faire une arme : on accusa Fra Girolamo de pousser à la démagogie au moment même où il essayait d'en montrer les dangers.

Toutes ces interventions humanitaires aboutissant à une amnistie en faveur des partisans du régime aboli avaient saisi l'esprit public de telle façon que la popularité du *Frate* en fut considérablement accrue. On constate qu'à son imploration : « Assez de sang versé, pardonne, ô Florence, et fais la paix ! », le peuple répondit par une acclamation générale.

« Les citoyens, remarque Eugène Müntz, avaient beau s'être familiarisés depuis un demi-siècle avec toutes les vanités mondaines, il avait suffi de la voix de Savonarole pour provoquer le plus étonnant des mouvements de contrition. »

A l'autre extrémité de l'échelle sociale, la confiance n'était pas moins grande. A la voix du Prieur, le gouvernement venait de répondre avec solennité : « Les magnifiques Seigneurs et Gonfaloniers ordonnent une paix générale ; ils veulent que toutes amendes ou punitions soient levées qui frappent les partisans de l'ancien gouvernement. »

C'était là politique large et clémente. Sous l'inspiration du cham-

---

légale de la Seigneurie étant de six voix, on la désignait souvent sous le nom de *Six fèves*, nom qui n'était point officiel mais appartenait au langage populaire.

pion d'un Christ qui pardonne, une situation nouvelle, bien proche de la cité de Dieu entrevue par les grands inspirés, s'était, en moins de six mois, affirmée à Florence. Émue et fière de l'autorité dont Savonarole faisait preuve, la République saluait en lui le maître de l'heure.

Premières résistances.

Mais, comme bien on pense, des succès aussi éclatants devaient promptement déchaîner les antagonismes et plus encore les haines. Au courage qu'exige une action désintéressée se mesurent les lâchetés anonymes.

Fait douloureux, les plus acharnés parmi les opposants se trouvaient être les ordres rivaux ou les subalternes que l'ascension rapide de Frère Jérôme émouvait à jalousie. Infidèles à l'esprit du fondateur, les Franciscains grognaient, suivis du reste par les Dominicains d'autres paroisses.

Assez mal disposé à l'égard du *Frate*, le Gonfalonnier de la Ville imagina de réunir, à son insu, un conseil de théologiens pour les interroger sur le droit du Prieur à participer à la vie publique. Parmi eux se trouvaient l'un de ses plus grands ennemis, Domenico de Ponzo, et un moine dominicain venu d'un couvent rival, Giovanni Carlo, surnommé le « petit clou de girofle », *il Garofanino*.

Pressentant une attaque sournoise, Savonarole n'hésita pas à prendre les devants. Accompagné du frère Dominique, son fidèle adjudant, il pénétra sans crier gare dans la salle du Conseil. Sur une apostrophe du Garofanino, on l'entendit répondre, avec le calme qu'assure une bonne conscience :

« En moi se vérifie cette parole du Seigneur : les fils de ma propre mère combattent contre moi. Je vois avec douleur que mon plus cruel adversaire porte la robe de saint Dominique. Cette robe aurait dû lui rappeler que ce dernier a pris une grande part aux affaires de ce monde et que notre Ordre a produit foule de religieux et de saints qui ont participé au ménage de l'État... »

Rappelant alors des noms illustres, ceux de Pierre Martyr, de Catherine de Sienne, de l'archevêque Antonin, tous Dominicains connus, l'orateur concluait : « Selon les règles de l'Église, un religieux n'est coupable de s'occuper des affaires de ce monde que lorsqu'il s'en occupe sans se proposer un but supérieur aux intérêts terrestres... »

Et, mettant ses auditeurs au défi de lui citer un texte de la Bible opposé à cette manière d'agir, il vit l'assemblée se séparer sans plus. La cabale n'avait servi qu'à augmenter son prestige.

Restaient les adversaires civils qui, eux, se serraient les coudes : Savonarole en trouvait même parmi les partisans de ses idées politiques demeurés indifférents à ses aspirations religieuses : tels ces *Bianchi* (les Blancs), sorte de libéraux de l'époque, amateurs d'indépendance, sceptiques élégants dont la tiédeur redoutait les éclats du *Frate* et qui souhaitaient tempérer la fougue de leur porte-parole ; tels aussi les *Bigi* (les Gris), partisans d'une restauration des Médicis ; ceux-là, bien qu'au bénéfice de l'amnistie, ourdissaient sourdement des intrigues contre la domination du Père. Quant aux ennemis décidés, les *Arrabiati* (le nom même le fait comprendre : *Arrabiato* veut dire l'enragé), c'était le clan réactionnaire, lequel, aussi peu porté à la démocratie qu'au despotisme, préparait en secret un retour à l'oligarchie. Impuissantes si elles étaient divisées, ces factions devaient, en unissant leurs rancunes, faire la vie dure au Prieur.

Sur un point, il est vrai, ce dernier se montrait moins heureux, et c'est à ce défaut de la cuirasse qu'on s'ingéniait à le frapper : il s'agissait de la politique étrangère du gouvernement. Pressé de reconquérir Pise et n'ayant pas les moyens d'entretenir une armée, le Conseil recourait alternativement à d'insuffisantes opérations militaires ou à des démarches diplomatiques auprès de Charles VIII. Or, celui-ci — toujours à Naples — n'entendait pas lâcher son gage et, dans ce but, éconduisait ou bernait les ambassadeurs de la Seigneurie. De son côté, le successeur de Jean-Galéas Sforza, Ludovic le More, duc de Milan, ce grand ennemi de Florence, cherchait, pour la séparer des Français, à faire entrer la cité du Lys dans une vaste ligue. Savonarole vit le danger : de toute son autorité, et malgré l'isolement auquel se condamnait la République, il la conjura de rester fidèle au souverain qui l'avait délivrée du joug médicéen. Pour obtenir mieux que des promesses, il alla lui-même au devant du roi (qu'on se rappelle l'entrevue de Poggibonsi) ; il le conjura d'épargner Florence et de lui rendre Pise. Charles exauça le premier vœu ; mais, pour le second, il fit la sourde oreille.

Dès lors, sans voir ce qu'on avait obtenu et ne considérant que ce qui était refusé, l'opposition se déchaîna.

Aux brocards ironiques d'un peuple spirituel et subtil succédèrent les attaques violentes. Naguère, on se contentait de plaisanter le *Frate*, ou tout au moins de décocher quelques traits à son adresse ou à celle de ses partisans, les *Piagnoni*, ces « geignards », les *Masticapaternostri*, ces « mâcheurs de patenôtres », les *Stropiccioni*, ces « frotte-mains », ces bigots ! Plus sensible aux critiques qu'on ne se l'imagine, le Prieur se montra mainte fois troublé par le souvenir d'épithètes malsonnantes.

Attisée par la haine des *Arrabiati*, l'hostilité à l'égard de celui qu'ils appelaient le moine visionnaire devait s'enfler chaque jour davantage. On en vint à l'attaquer en pleine rue ; c'était un avertissement. Désormais, il recourrait à la protection d'une escorte armée. Un tel régime, fait de travail excessif et d'inquiétudes constantes, ne pouvait qu'aboutir à une crise de surmenage. Savonarole, accablé, tomba malade et, comme il advient aux heures d'extrême fatigue, subit une dépression momentanée.

En chaire même, il lui arrivait de s'arrêter au milieu d'un sermon, de s'asseoir épuisé et, de retour à Saint-Marc, de voir ses nuits traversées de cauchemars où s'enchevêtraient de diaboliques machinations.

« O Dieu », s'écria-t-il un dimanche, au Dôme, « où m'avez-vous conduit ? A force de vouloir sauver quelques âmes, je suis venu dans un lieu de troubles d'où je ne puis retourner à ma paix. Pourquoi avoir fait de moi un être de discorde et de lutte ?... J'étais libre et maintenant je suis l'esclave de tous... »

Puis sa tristesse se tournait vers l'oublieuse cité : « O Florence ! ingrate Florence, j'ai fait pour toi ce que j'ai refusé de faire pour mes propres frères. Et maintenant j'attire sur ma tête l'envie à la fois des laïcs et du clergé !... »

Première intervention de Rome.

Malgré tout, les êtres de sa trempe ne se laissent pas longtemps abattre. Une manœuvre de ses ennemis devait lui valoir un regain de faveur. Comme on savait Pierre de Médicis en quête de revanche et pactisant avec la ligue ennemie, la crainte d'un retour du tyran rapprocha momentanément les Arrabiati des Frateschi. Toutefois, cette apparente accalmie ne faisait que recouvrir un piège nouveau.

S'imaginant qu'une sourdine mise aux appels du Prieur désarmerait les ligueurs, les « Enragés » intriguèrent en haut lieu pour obtenir son déplacement. Bientôt un premier bref, venu de Rome, le convia doucement à se rendre auprès du Saint-Siège.

Le traquenard sautait aux yeux : on voulait étouffer la voix du *Frate* et, avec elle, le grand souffle de la liberté qui passait sur Florence. Avec franchise et fermeté, le Prieur tint à exposer ses craintes au Saint-Père :

« Grâce à moi, le Seigneur a épargné à cette ville une grande effusion de sang. Il l'a ramenée aux bonnes et saintes lois. Aussi y a-t-il beaucoup d'ennemis au dehors et au dedans, qui, espérant la réduire en servitude sans y parvenir, désirent mon sang. Ils ont plus d'une fois attenté à mes jours par la prison et par le fer. Je ne pourrais donc m'absenter sans danger réel : mon départ causerait un grand préjudice à Florence et, peu de profit à Rome… »

Esquivant ainsi un voyage dont l'issue n'était que trop prévisible, Fra Girolamo voulut, assez imprudemment, achever les prédications du Dôme qu'avait interrompues le fâcheux état de santé dont il se prévalait auprès du pontife : « Je suis à peine remis d'une grave maladie qui m'a obligé à suspendre la prédication et l'étude ; ma vie est encore en danger… »

Effectivement, la tension de ces longs mois de luttes avait altéré sa sereine assurance. Amer et parfois violent, il demandait aux magistrats d'appliquer avec une absolue rigueur les lois qu'ils avaient votées. Pareille sévérité n'avait d'autre cause que les soucis énormes dont il portait le poids : « J'ai tant peiné et prêché », s'écriait-il en chaire, repris par ses pensées mélancoliques, « que j'ai raccourci ma vie de plusieurs années et que je suis complètement épuisé…

Et, comme s'il lisait dans le livre ouvert de sa destinée : « Eh bien ! mes frères, ajoutait-il, quelle sera la récompense de ces peines ? Je réponds : le martyre. je suis prêt à l'endurer, Seigneur, par amour pour cette ville ; je le demanderai chaque jour dans mes prières… »

L'été était venu, parfois torride comme il peut l'être en la plaine de l'Arno, parfois pluvieux jusqu'à faire désespérer d'un retour du beau temps.

Rentré dans sa cellule de Saint-Marc, au seuil laquelle s'arrêtaient les cabales et les haines mais où suivaient pourtant les résultats heureux de sa ferme attitude, Fra Girolamo, allongé sur sa couche, entend par l'étroite fenêtre, les cris stridents des hirondelles les litanies de ses clercs déambulant sous les arceaux cloître. N'était-ce point le rappel des inévitables criailleries mais aussi des justes louanges que fait naître ici-bas toute action virile et désintéressée ?

Avec le repos, devenu indispensable, la paix reste dans son âme.

IX

Le Christ roi de Florence

> Savonarole et les jeunes. — Souffles nouveaux dans l'art et dans la poésie. — Le retour à la chaire du Dôme.

Savonarole et les jeunes.

Ayant retrouvé avec l'automne, on n'ose dire intactes, mais certes restaurées, des forces qu'il entendait mettre entièrement au service de Dieu, Savonarole résolut de porter désormais son effort vers des réformes qui toucheraient moins au domaine politique qu'au domaine moral.

Mais, de ce chef et bien contre son gré, on vit se rallumer à Florence un brandon de discorde. A l'affût de toute occasion de rentrer en maître dans la ville qui l'avait ignominieusement rejeté, Pierre de Médicis, appuyé par la Ligue, voulut préparer une expédition militaire. Écarter l'homme en qui s'incarnait l'esprit de résistance, tel était son dessein. Dans ce but, il intrigua de nouveau auprès du Vatican pour qu'on réduisît définitivement au silence le Prieur de Saint-Marc.

Rome usa cette fois d'une mesure administrative : elle rattacha *proprio motu* la communauté dominicaine de Florence au vicariat de Lombardie. On ne pouvait mieux s'y prendre pour saper à sa base l'autorité du chef.

Évitant, sur le conseil de ses médecins, une rébellion qui eût déchaîné le conflit, Savonarole se défendit avec modération et, fort de son intégrité morale, qui, même à ses ennemis, s'imposait fortement, il n'accepta qu'une limitation : celle du silence momentané, conforme du reste à la règle de son Ordre. Habile, quoique muette réplique, cet acquiescement donna à la Seigneurie le temps de déjouer les manœuvres du Médicis en mettant sa tête à prix, et au *Frate* celui de méditer, dans un calme auquel tout son être aspirait, sur le programme d'un ordre nouveau. Après les épurations du couvent et les réformes de l'État, il s'attaquerait au domaine que l'homme naturel défend avec le plus d'âpreté : celui de la vie privée.

On sait combien, dans le tourbillon de ses luttes intestines et dans la fièvre de sa libération politique, Florence s'était peu souciée de hausser son niveau moral.

Tout au contraire (un annaliste du temps, Jean Michel Bruto, et bien d'autres avec lui l'ont nettement démontré), elle était descendue à un tel étiage qu'on a peine à mesurer l'ampleur de cette chute. C'était d'ailleurs le cas pour l'Italie entière. L'historien moderne François-Tommy Perrens déclare avec non moins d'assurance : « L'impiété et l'obscénité dans les propos ou dans la conduite, l'indécence dans la tenue et dans le costume, l'amour effréné du jeu, la promiscuité dans les familles étaient les plaies saignantes qu'il s'agissait de guérir ». Elles faisaient dire à Savonarole apostrophant les Florentins : « Votre vie se passe toute au lit, dans les commérages, sur les promenades, dans les orgies et la débauche. Votre vie est une vie de porcs !... »

Pour s'être affranchis des préceptes de l'Évangile réaffirmés par le moyen âge chrétien, les hommes de ce temps donnaient, une fois de Plus, la preuve que « toujours et partout, lorsqu'on brise la grande paire d'ailes qui soutient l'humanité, les mœurs s'abaissent et se dégradent… (Hippolyte TAINE) »

D'une telle perversion, on ne saurait fournir exemple plus probant que les vices contre nature. Ils sévissaient de façon si générale que Savonarole avait dû réclamer du gouvernement les peines les plus sévères : le pilori à la première ou seconde infraction, le bûcher à toute récidive.

« Fais justice, ô Florence », s'écriera-t-il un peu plus tard, « de ce vice infâme. Le Tout-Puissant demande justice. Il faut agir et faire un exemple, s'emparer d'un coupable, l'exposer aux yeux de tous et dire : — Cet homme mérite la mort ! Autrement, c'est la désagrégation… (Sermon du 28 juillet.) »

Et ce qu'il exigeait à l'égard de la sodomie, Savonarole le réclamait avec non moins de vigueur à l'égard du blasphème : la mort par le feu. Mais il est juste de dire que le Prieur espérait s'en tenir à la seule menace. Par malheur, lorsqu'on veut restaurer l'ordre moral, la menace est insuffisante. Fra Girolamo, comprit que, pour créer une génération moins dépravée, il faudrait reprendre par la base toute l'éducation des jeunes. A ce titre, on peut le ranger parmi les grands pédagogues.

L'occasion se présenta lors du carnaval de 1496. Presque fatalement, les réjouissances de cet ordre tournaient aux saturnales. De tout temps, à Florence, magistrats et citoyens soucieux de la bonne tenue avaient essayé d'en réprimer la violence, pour ne pas dire l'ignominie. Mais en vain ! L'amour immodéré de la liberté, qui fut toujours de mode, tournait alors à la licence. Mascarades et jeux sur les places, au coin des rues feux de joie et danses échevelées, partout exigences indiscrètes à l'égard des passants, souvent même turpitudes et cruautés, tout était toléré, car, répétait-on, ne faut-il pas que jeunesse se passe ?

Divisés en compagnies, les adolescents, un bâton à la main, envahissaient rues ou venelles ; une femme riche n'obtenait la permission de passer qu'au prix d'un tribut payé à leur soif sous le nom de *beveraggio*. Et comme les fêtes de quartier suscitaient des rivalités, on voyait, après échanges de coups de trique ou jets de pierres, ces divertissements finir parfois dans le sang. L'ébriété et le dévergondage élisaient domicile dans la cité du Lys.

Chose admirable, là où dès longtemps les prières et les défenses de l'autorité étaient restées sans effet, la voix du *Frate* suffit d'emblée à débusquer d'aussi fâcheux usages. Il n'eut qu'à les désapprouver pour qu'immédiatement la jeunesse s'en retirât confuse.

« Un seul homme », remarque encore Perrens, « fit plus par la persuasion qu'en tant d'années tous les édits des magistrats. » Et, comme l'a également rappelé Villari, le mérite de Savonarole fut de montrer une fois encore qu'on ne détruit que ce que l'on remplace. N'était-ce point de sa part un vrai trait de génie que d'employer au service du bien toutes les forces jusqu'alors déchaînées contre lui ?

A l'exemple de Laurent le Magnifique, qui, païen de nature et de goûts, avait ressuscité les cortèges mythologiques, le Prieur résolut d'en créer qui s'inspirassent de l'esprit du Christianisme. Aux chansons licencieuses, on substitua, sur des airs populaires, des paroles exprimant la pureté, la beauté. A l'exubérance excessive, on opposa la discipline librement consentie.

Plusieurs semaines avant la période carnavalesque, Fra Girolamo, chargea le frère Dominique de recruter dans chaque quartier des escouades d'enfants que l'on engageait à choisir chacune son propre chef, jeune capitaine de qui la Seigneurie voudrait bien reconnaître l'autorité. Au coin des rues, devaient être élevés des autels dont ces jeunes cohortes se feraient les gardiennes. Là, sans importuner la foule, on solliciterait, comme jadis on le faisait pour des buts futiles ou coupables, sa générosité en faveur d'œuvres pies. Ainsi, des sébiles tendues remplaceraient les implorations trop péremptoires et leurs tintements métalliques succéderaient au bruit des cannes et des gourdins frappant impérieusement le sol… en attendant de frapper les récalcitrants ! Dès lors, plus n'est mention du « jeu déchaîné et bestial » dont parlait un auteur de ce temps.

Au dernier jour de carnaval, on vit défiler à travers la ville, précédé de tambours et de cornemuses, un cortège de plus de dix mille enfants entre six et seize ans, bon nombre sonnant de la trompette et agitant des oriflammes. Parti de la place de l'Annunziata, devant l'Hospice des Innocents où resplendissent les adorables *bambini* d'Andrea del la Robbia, il passa devant Saint-Marc, traversa le fleuve sur le *Ponte Vecchio*, revint à la place de la Seigneurie pour se déployer enfin autour du Dôme, tandis qu'au pied du Campanile et dans toutes les rues avoisinantes, une foule immense acclamait les participants et répondait généreusement à l'appel des collecteurs. Lorsqu'on a pu voir, comme ce fut notre cas, certain dimanche de juin, en ce même Dôme de Florence, un rassemblement de jeunesse formé de milliers d'adolescentes vêtues de blanc qui défilaient allégrement devant le cardinal-archevêque en brandissant, elles aussi, banderoles et fanions, on évoque sans peine la splendeur du spectacle ordonné par le *Frate* et l'on comprend les espoirs qu'il dut alors éveiller.

Que nul donc ne qualifie cet enthousiasme de mouvement factice : la cérémonie eut de nombreux lendemains. Savonarole, organisateur autant qu'homme peut l'être, fit appel à la légitime fierté de ses juvéniles adhérents. Il voulut les grouper en une sorte de corps de police volontaire qui, par serment, s'engagerait à observer diverses règles : s'habiller et se coiffer avec simplicité, fuir les mauvaises compagnies, les écoles de danse, les spectacles publics. Et, de plus, fréquenter assidûment l'église. Ne fallait-il pas réagir avec énergie contre les livres obscènes, contre les courses ou les combats violents, par dessus tout contre les mœurs équivoques de certains adolescents aux chevelures douteusement blondes ? Or, chose qui ne saurait surprendre ceux qui aiment et comprennent les jeunes, ce programme austère eut pour eux un très réel attrait.

Puis, leur embrigadement fut l'objet de mesures précises. Contrôlé par quatre conseillers, chaque capitaine élu par la troupe dirigeait une escouade, elle-même divisée en cinq sections : les *Correttori*, ces aumôniers préposés aux corrections fraternelles (si l'on peut nommer ainsi les punitions qu'ils administraient !) ; les *Inquisitori*, chargés de découvrir les abus ; les *Limosinieri*, quêteurs qui demandaient l'aumône pour les pauvres honteux ; les *Lustratori*, purificateurs ou nettoyeurs occupés à passer à la chaux les murailles et lieux souillés d'inscriptions ou de malpropretés ; enfin, les *Pacieri* ou pacificateurs, appelés à opérer des réconciliations. C'était là mettre à profit de façon ingénieuse l'initiative et le zèle des néophytes, quand bien même des excès pouvaient être commis, dans le bien comme dans le mal : l'équilibre et la pondération n'ont jamais été, on le sait, et ne peuvent être le fort des « moins de vingt ans ».

Appartenant pour la plupart aux classes dirigeantes, voire à la noblesse de la cité, les membres de cette jeune garde, fière de l'appui de la Seigneurie autant que de la confiance du *Frate*, prirent au sérieux leurs prérogatives. Ramener à la simplicité les femmes enduites de fards ou trop pompeusement ornées, disperser les joueurs de dés, poursuivre les blasphémateurs ou épurer les tavernes, tels furent leurs mots d'ordre. Aux joueurs, il enlevaient non seulement leurs dés mais aussi leur argent, afin de le donner aux pauvres. Aux femmes et aux jeunes filles, ils s'adressaient « avec égards et même (affirme le Père Burlamacchi, porté de bienveillance à leur endroit) avec une douceur et une amabilité qui arrachaient des larmes » : — « De la part de Jésus-Christ, roi de notre ville, et de la Vierge Marie, notre reine, nous te sommons, déclaraient-ils, de déposer toutes ces vanités !... »

Souvent, ils se faisaient ouvrir les maisons pour en enlever cartes, parfums, masques et miroirs en lesquels ils ne voyaient qu'objets de perdition.

Les « garçons du *Frate* », comme on les appelait, rivalisèrent ainsi de zèle au point que, pour les préserver de réactions violentes, il fallut désigner un représentant de l'État. Parfois, dans leur fougue, certains en arrivaient-ils à porter atteinte à l'intimité des foyers. « Ce fut », croit pouvoir affirmer Perrens, « une véritable tyrannie, et la pire de toutes, car les tyrans n'avaient pas l'âge de raison. »

Le mot est plaisant ! On peut demander, en effet, si la tyrannie exercée par des adultes perd de ce fait son caractère odieux ? Mais surtout, il est injuste. Faut-il donc blâmer ces « garçons » de préférer aux jeux de leur âge le chant des hymnes et la ferveur pour la cause du Maître ? Une jeunesse éprise d'idéal peut dépasser la mesure, soit. Mais quelle force n'aura-t-elle pas quand au zèle elle ajoutera la sagesse, celle qu'on lui inculquera. Savonarole l'avait compris : aussi est-ce en une jeunesse éprise de Dieu qu'il plaçait ses plus chères espérances.

Souffles nouveaux dans l'art et dans la poésie.

Après les jeunes, dont dépend l'avenir, il fallait aussi gagner les penseurs et les artistes qui façonnent à leur gré l'âme et le cerveau des masses. C'est encore cela qu'en dépit de son austérité, et parce qu'il fut un esprit créateur, avait nettement saisi Savonarole.

Nul n'ignore combien brillante était alors la pléiade de peintres, de sculpteurs, d'architectes, d'écrivains dont les noms ont fait à Florence une couronne de gloire. L'essor prodigieux qu'un retour à l'antiquité devait donner à l'art du *Quattrocento* s'était manifesté par une floraison de chefs-d'œuvre. Il est vrai qu'on inclinait davantage du côté des grâces païennes que vers les vérités profondes de l'Évangile. A la cour des Médicis, où s'épanouirent de si nombreux talents, on voyait parfois l'humanisme tourner à l'idolâtrie.

Devant certaines œuvres de la statuaire ou de la peinture, la sensibilité délicate mais souvent exclusive de Fra Girolamo devait réagir avec quelque vigueur. Toutefois, ne serait-ce pas méconnaître l'art d'un siècle sans égal que de le croire uniquement inspiré des Grecs ou des Romains et par cela même dépourvu de mysticisme ? Plongeant ses racines dans un moyen âge encore proche, il demeurait profondément religieux, ainsi qu'en témoignent tant d'œuvres inoubliables d'un Filippo Lippi ou d'un Ghirlandajo. Comme l'a dit un bon juge, Salomon REINACH, qui d'ailleurs n'est point chrétien, la différence est grande entre l'Athènes d'un Périclès et Florence, l'Athènes du xve siècle, « c'est qu'entre Athènes et Florence, il y a le Christianisme, religion tout intérieure... »

Il était donc moins difficile qu'on ne pouvait le croire de ramener aux sources de la foi ceux qui, par leurs dons naturels, cherchaient loyalement à servir la beauté.

Sans doute fallait-il réagir contre de funestes habitudes, éviter qu'on ne prît pour modèles de la Vierge des créatures, belles sans doute mais de petite vertu, ou qu'on ne les habillât de riches ornements.

« Dans l'Église », s'exclamait avec véhémence le Prieur, « vous introduisez toutes les vanités ! Pensez-vous que Marie fût vêtue comme vous la représentez ? Elle était, je vous le dis, habillée comme une mendiante... »

Mais pour qu'on ne l'accusât point d'être un iconoclaste, il exposa plus d'une fois ses principes en matière d'esthétique : « En quoi consiste le beau ? Dans les couleurs ? Non. Dans les traits ? Non. La beauté est une qualité qui résulte de l'harmonie et de la correspondance de tous les membres et de toutes les parties du corps. D'où vient cette beauté ? Si vous cherchez bien, vous verrez qu'elle vient de l'âme... » De plus, poète à ses heures, Savonarole a souventes fois dans ses *canzoni*, tantôt avec rudesse, tantôt avec élégance, donné libre cours à ses aspirations poétiques, si bien qu'on peut, à certains égards, lui appliquer le distique qu'il dédiait à Marie-Madeleine :

E tutio il suo cor arde
E nell' amor di Dio non si raffrena...
Et son cœur tout brûlant
Ne retient plus pour Dieu un amoureux élan...

Ce ne sont certes pas les premiers venus qu'attirait — que fascinait même — l'impressionnante personnalité du *Frate*. Andrea et Lucca della Robbia, incomparables céramistes et interprètes inégalés de l'enfance innocente, à son appel se firent Dominicains. De même, Baccio della Porta, l'un des plus brillants génies qu'ait produit l'école italienne. Un jour, à la suite d'un sermon du frère Jérôme sur les mauvais livres et les peintures licencieuses, il alla chercher ses études faites d'après le nu et sur la *Piazza* décida de les livrer aux flammes. Bientôt on le vit revêtir à Saint-Marc l'habit des frères prêcheurs, et c'est par son pinceau qu'il voulut glorifier Dieu dans la suite. On a de lui le meilleur portrait qui existe du Frère, et la mort de ce dernier l'affecta de façon si poignante que, quatre années durant, on le vit délaisser et palette et couleurs.

Botticelli, que certains ont baptisé le divin *Sandro*, ne fut pas insensible non plus à la voix du Prieur. Esthète volontiers sensuel que Laurent le Magnifique combla de ses faveurs, il s'était surpassé dans son *Printemps* célèbre, où s'exalte la maîtrise d'un art subtil et tendre. Tout à coup, on assista à un changement complet de sa manière de vivre qui stupéfia ses contemporains. On sait aujourd'hui qu'il venait de subir l'influence de son frère, Simone Filipepi, dont on retrouve le nom avec celui de trois cents autres Florentins en bas de la pétition qui devait être envoyée à Rome en faveur du moine menacé d'excommunication. Avec Della Porta, Lorenzo di Credi, la Cronaca, avec d'autres artistes encore, il se considérait comme l'un des plus fidèles interprètes de la pensée hiéronimienne et, bien longtemps après la disparition du *Frate*, il prit sa défense contre des adversaires tels que Doffo Spini. Comme l'a écrit un esthète italien, Carlo Gamba, « après sa conversion, une nervosité réprimée, une tristesse ardente et passionnée spiritualisèrent de plus en plus ses compositions, qui s'inspireront désormais de sujets religieux et moraux[a]... » Exclusivement tourné vers les réalités intérieures, ce furent des nativités, des crucifixions, voire des visions d'Apocalypse qu'il tira de l'Écriture. A qui pourrait lui reprocher d'avoir ainsi tari, étriqué ou mutilé son génie, rappelons simplement son adorable Vierge au Musée Ambrosien. Au service de Dieu jamais ne s'est appauvri le talent!

Mais le plus grand de tous, ce Titan qu'est Michel-Ange donne l'exemple magistral de l'enrichissement d'un artiste au contact de l'Évangile. Au moment où Fra Girolamo s'imposait à Florence, Buonarotti avait, comme Bartolomeo, un peu plus de vingt ans. Or, qui dira ce que la force méditative et attristée qu'expriment ses plus belles œuvres — les *Esclaves* du Louvre ou l'*Aurore* au tombeau des Médicis — doivent à l'inspiration d'un Savonarole? On assure que, dans sa vieillesse (il vécut quatre-vingt-huit ans), Michel-Ange lisait et relisait encore les sermons du Prieur. Mieux que cela, le contact avec l'orateur du Dôme eut sur son génie une influence indéniable : « Il en résulta pour son art », déclare un juge peu suspect de complaisance, « une vitalité héroïque : il se créa un monde à lui, un monde surhumain, plein de prophéties grandioses et, dans les convulsions pantelantes de son *Jugement dernier*, il fit pénétrer au Vatican les fulminations du *Frate*... (Roeder) »

Qu'après cela, Savonarole ayant gagné à la foi un Pic de la Mirandole ou un Ange Politien ait pu mépriser les contes licencieux de Boccace ou la poésie sans élan du *Morgante* de Pulci, ce dédain ne suffit pas à justifier les reproches de barbarie ou de fanatisme que trop souvent on lui jette à la face.

---

a. Carlo GAMBA, *Botticelli*, traduction de Jean CHUZZEVILLE.

Eugène Müntz est-il juste qui, doctement, déclare : « Un lustre durant, on put craindre que l'Athènes de l'Italie ne devînt une nouvelle Thébaïde et que la marche de la civilisation n'en fût compromise...? »

La civilisation à laquelle Florence avait trop sacrifié présentait des tares profondes et tout en elle, avouez-le, ne méritait pas de survivre ! Aussi bien, avoir arraché à sa stérile indolence la jeunesse florentine, avoir vivifié l'inspiration d'un Della Porta, guidé le pinceau d'un Botticelli ou le ciseau d'un Michel-Ange, cela suffit à démontrer la profondeur d'une action. Il faut dans le frère Jérôme voir autre chose qu'un lourd Béotien.

Le retour à la chaire du Dôme.

Mais que de réformes restaient à accomplir parmi les représentants d'une génération dès longtemps contaminée ! Prenez un couvent comme celui de Saint-Dominique dans la petite ville toscane de Prato : il avait sombré dans une corruption telle que, d'autorité et malgré le Pape, le Prieur résolut de le placer sous la direction d'un de ses meilleurs auxiliaires. Désarmé par d'aussi notoires scandales et certain que, sur le terrain doctrinal, Savonarole demeurait inattaquable, le faible et rusé vicaire de Saint-Pierre crut l'occasion bonne de se concilier celui dont l'intégrité forçait le respect de tous. A condition que le *Frate* voulût bien modifier son langage, il lui fit offrir le chapeau de cardinal. Un peintre moderne a cru devoir retracer la scène en montrant un dignitaire de l'Église qui présente officiellement la robe pourpre et les insignes du rang. Ce n'est pas ainsi que se passèrent les choses : Rome, on le sait, n'aime point à encourir les refus ; seul un moine dominicain, Fra Luigi, fut chargé de l'ambassade. Mais la réponse devait être brève : — « Viens à mon prochain sermon !... » répliqua Fra Girolamo.

Bientôt en effet, en présence du peuple et de ses magistrats, on l'entendit clamer sous les voûtes du Dôme : « Je ne veux ni chapeau, ni mitres grandes ou petites ; je veux seulement, ô Seigneur, ce que tu as donné à tes saints : la mort. Un chapeau rouge, un chapeau de sang, voilà ce que je désire !... » (Sermon sur Ruth et Michée, 20 août 1496.)

Car, à la demande du gouvernement, Rome avait tacitement autorisé le Prieur à remonter dans la chaire de Sainte-Marie des Fleurs. Aux calomnies de ses ennemis, à la timidité de ses partisans et surtout à la mollesse du plus grand nombre, il fallait opposer la force d'une parole indomptée. Après le silence qu'il s'était imposé, Savonarole éclata : dédaignant une prudence que réclamaient les événements, il fit preuve de témérité et l'on a pu qualifier d'incendiaires les prêches qui suivront. Rare et émouvant symbole que ce carême de 1496 succédant à un carnaval si différent de ceux d'autrefois !

En dépit de ses vastes proportions, le Duomo, d'où l'on avait encore écarté les femmes, s'avérait trop petit. La jeunesse ne voulait perdre aucune parole de son chef et, pour elle, avaient été dressées des estrades de bois comptant dix-sept gradins. Arrivant en troupe, encore de vive nuit, elle employait aux chants de louanges les longues heures d'attente, jusqu'à ce que, dominant une foule compacte et pas toujours recueillie, surgît de la chaire la blanche silhouette du père dominicain.

Si forte est l'emprise d'un grand caractère et si puissant le prestige de l'éloquence qu'aussitôt le verbe clair et vibrant du prophète semblait ébranler les voûtes, et, mieux que les rayons de soleil pénétrant par les fenêtres circulaires, en bannir toute froideur. C'est, effectivement, par sa familiarité sans apprêt et tout autant par sa robuste franchise que Fra Girolamo s'emparait de l'auditoire.

Ouvrant donc ce carême par une apostrophe à lui-même adressée : — « Que signifie, Frate, ce long repos ? As-tu craint la mort ou l'excommunication ?... »

L'orateur expliquait ainsi sa retraite : « Avant de poursuivre, j'ai voulu m'examiner, savoir si j'étais pur de toute contamination. En voyant de toutes parts une si grande opposition à un petit homme qui ne vaut pas trois sous (certains ont traduit : trois chèvres), je me suis dit à moi-même : peut-être que tu ne t'es pas bien surveillé et que ta langue a failli. Mais je n'ai considéré que la foi et le me suis trouvé intact... »

Là était, en effet, sa force : en face d'une Église étrangement accommodante en matière de morale, mais toujours inquiète à l'article du dogme, il ne pouvait être accusé d'aucun propos flairant l'hérésie. Même Rome en demeurait coite. « Je suis toujours prêt », ajoutait-il, à l'obéissance envers l'Église romaine et je déclare que désobéir, c'est se damner pour l'éternité... »

Néanmoins, le principe comportait une réserve : c'est que l'Église et singulièrement son chef ne s'obstinassent pas à agir contrairement à l'Évangile. Or, on a vu combien, sur ce terrain, la Papauté en prenait à son aise. Cette seule évocation mettait le prédicateur hors de lui et inspirait à son talent des périodes dont la violence explique amplement les réactions du Saint-Siège :

« Rome, tu as perdu la santé, tu as abandonné Dieu, tu es corrompue de péchés et de tribulations. Si tu veux guérir, change de régime, trêve de vanités, d'ambitions, de fornications, de convoitises ! c'est cela qui t'a rendue malade et conduite à la mort... Le Seigneur a dit : Puisque l'Italie est repue d'iniquités, de prostituées, de bandits et de crapules, Je renverserai ses princes et mettrai fin à l'orgueil de Rome... » (Sermon sur Amos.)

Passons sur quelques épithètes assez vives, car leur verdeur étonnerait aujourd'hui dans la chaire chrétienne, mais arrêtons-nous au genre caractéristique du *Frate*, ce style prophétique dont, maintes fois, on lui fit grief :

« O Italie, tu ne veux pas croire : — Bah ! dis-tu, Amos, berger de Thékoa, parlait pour son temps, et nous pour le nôtre ! Et moi, je vous répète que les paroles d'Amos s'accompliront de nos jours exactement comme je vous l'ai annoncé : car, sachez-le bien, si Amos avait alors la mission de prédire ces choses, moi je l'ai aujourd'hui. Je parle comme lui, avec une entière certitude, et c'est avec le secours des lumières mêmes dont il était éclairé que je vous prédis des malheurs ; mais vous ne voulez rien croire, vous ne voulez rien comprendre !... » (Sermon du 9 mars 1496.)

Puis, après avoir légitimé la vivacité de ses dires, il passait à ce qu'on appelle ses « prédictions » alors que ce sont plutôt des paraphrases du style biblique :

« ... Écoutez maintenant, Italie et Rome, ce qui est prononcé contre vous : — je vous annonce, dit le Seigneur, que lorsque je viendrai visiter vos péchés par l'épée je frapperai Rome et tous les autres hommes de Béthel, c'est-à-dire de la maison de Dieu ; je ferai que Saint-Pierre de Rome et les autres sanctuaires seront changés en écurie de porcs et de chevaux ; on y mangera, on y boira et l'on y commettra toutes sortes d'impuretés. J'abattrai, dit le Seigneur, les cornes de l'autel ; les cornes, c'est-à-dire les mitres des évêques et les chapeaux des cardinaux ; j'abattrai la puissance des prélats, j'abattrai les chefs, je renverserai leurs belles maisons et leurs beaux palais ; je renverserai leurs maisons d'hiver et leurs maisons d'été ; tant de lieux décorés avec luxe, tant de choses vaines, tant de délices, tant d'ornements, tant de richesses, tout cela sera jeté par terre… (Sermon sur Amos.5.12.) ».

A la couleur, au mordant de telles adjurations, on se croit ramené à l'époque des *nâbis*, des prophètes d'Israël auxquels il avait été dit : « Parle et ne te tais point. » Amos (à qui est emprunté le texte initial), Osée, Habakuk, Malachie, et surtout le Baptiste n'ont pas admonesté le peuple élu avec vigueur plus grande. C'est établir une fois encore que Savonarole suivit leur ligne, on pourrait dire fut de leur race.

A ces attaques directes, qui ne laissaient pas d'être relevées en haut lieu, s'ajoutaient des paroles de confiance et presque de tendresse pour les jeunes gens qui, par milliers, étaient suspendus aux lèvres de l'orateur. Tout le carême de 1496 fut rempli de ces malédictions contre Rome, la ville perdue, et tout autant des promesses aux jeunes qui demeuraient fidèles : « C'est sur vous, mes enfants, que reposent nos espérances et celles du Seigneur. Vous gouvernerez bien la ville de Florence parce que vous n'avez pas contracté les mauvaises habitudes de vos pères ! »

Huit jours plus tard (c'était le 13 mars), le Prieur trouvera une nouvelle analogie entre l'époque des rois de Juda et la sienne : « … Le prophète Amos dit au prêtre Amatsia : « Tu ne veux pas que je prophétise ? Écoute la parole du Seigneur : c'est contre toi maintenant que je veux prophétiser. Ta femme sera outragée, violée par les Assyriens ; tes enfants périront sous le couteau ; tes possessions seront mesurées au cordeau, c'est-à-dire données à d'autres ; tu mourras et le peuple même sera conduit en captivité.

« Amatsia disait alors : — « Va-t'en, lourdaud ; va prophétiser à tes paysans… »

Eh bien ! écoutez ce que signifie pour nous ce texte, *Audite igitur verbum Domini !* Vous ne voulez pas m'entendre : je vous dirai que vos épouses seront déshonorées, c'est-à-dire vos concubines qui vous tiennent lieu d'épouses, je vous dis que le fruit de vos péchés vous sera enlevé et sera donné à d'autres. Tièdes, votre épouse, c'est-à-dire votre conscience, sera déshonorée, c'est-à-dire endurcie, et vous ne vous convertirez jamais. Prêtres, vos fils, que vous faites passer pour vos neveux, seront tués avec l'épée. Rome et prélats, vos bénéfices et vos dignités vous seront enlevés. Et vous, tyrans, princes d'Italie, vos épouses, c'est-à-dire vos États, vous seront enlevés, pour être donnés à d'autres… (Sermon du 13 mars 1496.) »

Toutefois, ce serait faire tort à Savonarole que de l'imaginer proférant des menaces à jet continu ou se faisant l'annonciateur exclusif de châtiments publics. A l'égard des jeunes, par exemple, sa compréhension demeurait vive et constante, preuve en soit les appels qu'il sut leur adresser le dimanche des Rameaux :

« O Seigneur », s'écria-t-il dans sa péroraison, « c'est par la bouche de ces enfants que tu seras dignement loué. Les philosophes te louent d'après les lumières naturelles, et les enfants d'après une lumière surnaturelle : les philosophes te louent par amour-propre, les enfants par simplicité de cœur ; les philosophes te louent par la parole, les enfants par les œuvres.

D'entre les milliers qui écoutaient le moine inflexible et tendre, un assistant se déclarait ému moins par ses accents que par l'attitude même de l'auditoire : « On se sentait consolé, déclare-t-il, en entendant ces enfants chanter, tantôt en haut, tantôt en bas, tantôt d'un côté, tantôt de l'autre, modestement et doucement, comme pour eux-mêmes, si bien que l'église semblait pleine d'anges tant il paraissait impossible que ce fussent des enfants... »

Des hymnes, en effet, montaient, inspirées par l'allégresse et la foi de ces jeunes ; les adultes eux-mêmes s'y associaient avec conviction, et la foule sortait de Sainte-Marie des Fleurs en proie à l'unanime émotion.

Il y eut, en ce jour des Rameaux, une nouvelle procession à laquelle prirent part, avec filles et garçons vêtus de blanc et couronnés d'olivier, les fonctionnaires et le peuple lui-même. A leur tête marchait un groupe représentant le Christ sur son âne. Après avoir visité les églises, ils s'arrêtèrent sur la place pour chanter une canzone où Girolamo Benivieni célébrait le bonheur futur de Florence. Partout retentissait le cri : — « *Viva Gesù !* Vive Christ, notre Roi ! »

Au péristyle du Dôme, le *Frate*, accueillant le cortège, leva son crucifix d'ébène et s'écria d'une voix tonnante :

— « Florence, voici le Maître de l'Univers, le veux-tu pour ton Roi ?... »

Et, de même qu'à Jérusalem le jour dit des Rameaux, la multitude reprit, comme transportée : — « Vive Christ, notre Roi ! »

Hélas ! comme à Jérusalem aussi, dès le lendemain, devait s'ouvrir devant lui la *Via dolorosa*.

X

Le flot montant des rancunes et des haines

> L'orage différé. — L'autodafé des vanités. — La bulle d'excommunication.

L'orage différé.

Au moment où le niveau spirituel semble s'être élevé si haut, des complications d'ordre économique et financier vont peser de tout leur poids sur la marche de l'État et paralyser l'essor d'un mouvement tel que dès longtemps le monde n'en a connu de semblable.

Famines à la campagne, pluies incessantes détruisant les récoltes, dépréciation des valeurs publiques, faible rendement des impôts, grèves même, tout s'unissait pour compliquer la tâche de magistrats obsédés par les soucis d'argent. Pis encore, conséquence d'une surpopulation anormale, l'ennemi de toujours, la peste, allait montrer à nouveau sa face hideuse et redoutable. Tant d'événements fâcheux ne pouvaient que semer la panique. On dut recourir à des prières publiques et faire circuler derechef l'image miraculeuse de la madone de Santa Maria, dite *Impruneta*, qu'on invoquait de préférence à l'occasion des calamités.

Mais rien ne réussissait à calmer l'anxiété croissante. Par surcroît, les opérations militaires étaient fort peu brillantes. Pise cessait de se défendre, et Livourne, qui servait de port à Florence, venait d'être assiégée par la Ligue. En désespoir de cause, la Seigneurie fit appel à Charles VIII, auquel, en guise de cadeau, on dépêcha, à dos de mule, deux lions de la République. Mais, rentré dans ses États de France, que pouvait donc le roi pour ses amis florentins ? Au lieu d'une nouvelle expédition que souhaitait la cité du Lys, ce furent des Impériaux et des Milanais qui, conduits par Maximilien, vinrent renforcer le siège de Livourne tandis qu'une flotte vénitienne bloquait la ville du côté de la mer.

Des espions habilement stylés ne manquaient pas d'exciter en sous-main la population contre le gouvernement fratesco, qui refusait d'écouter Sforza ; dans la ville même, les *Arrabbiati* ne cessaient d'intriguer contre Savonarole, âme de la résistance. Et Ludovic ameutait sournoisement la foule en faisant circuler contre le *Frate* des lettres au roi de France que jamais il n'avait écrites.

Il fallut, pour rendre confiance au menu peuple, que, sortant de la retraite qu'il s'était imposée depuis quelques mois, le Prieur remontât en chaire au cours de l'automne de 1496. Soucieux d'agir avant tout sur les âmes, il n'hésita pas à proclamer que seul le ressort moral permet un redressement des situations les plus graves :

« D'abord, déclara-t-il, il faut retourner à Dieu et abandonner toute pensée de changer le gouvernement ou de vous rendre à l'ennemi. Il faut nous aider nous-mêmes ; il faut prêter à la ville tout l'argent que vous pourrez et le prêter gratis. Et, finalement, je vous le dis, unissez-vous et abandonnez vos discussions. Si vous faites une véritable union, écoutez ce que je vous dis : je gage mon froc que nous dérouterons nos ennemis !... » (Sermon du 28 octobre 1496.)

Comme pour confirmer aussitôt cette promesse, un messager survint au milieu de la procession, brandissant un rameau d'olivier. Il annonça que, forçant le blocus de Livourne, des vaisseaux de France avaient amené des hommes et du grain. Aussitôt, visages de s'éclairer et cloches de sonner à la volée. En proie à une joie frénétique, beaucoup criaient au miracle et en attribuaient tout le mérite au Prieur. « Les sermons du Frère nous ont encore sauvés », disaient-ils.

Mais Jérôme n'était point homme à se contenter d'un succès facile. Pour lui — non sans raison — la faiblesse de Florence provenait de sa résistance aux réformes qu'il demandait. Tant de maux accumulés, la guerre, les épidémies, la misère générale, n'étaient-ils pas un appel pressant à rompre avec le péché ? Grâce à l'ascendant qu'il conservait sur la Seigneurie où dominait encore le parti des *Frateschi*, le Prieur obtint d'elle d'énergiques mesures. Fermeture des tavernes, suppression des courses, interdiction des danses, poursuites contre les joueurs invétérés, expulsion des femmes de mauvaise vie, — rien ne fut négligé pour purifier une cité que ses princes et le goût de la vie facile avaient singulièrement avilie. Le jeûne fut renforcé, de même que l'observation du dimanche.

— « Carême sans fin ! » grognaient les mécontents.

On ne peut mettre en doute que, parmi les restrictions imposées au peuple par la main de fer d'un tyran ou grâce à la parole enflammée d'un prophète, l'une des moins acceptables à la longue est celle des distractions et des fêtes. Ce n'est pas sans raison que, pour consoler la plèbe de ses servitudes, les empereurs romains avaient adopté la maxime : *Panem et Circenses!*

Sans abuser des citations ni revenir indûment sur le passé, rappelons cependant la manière à la fois inflexible et pittoresque dont usait Savonarole pour obtenir des Florentins les renoncements qu'il jugeait indispensables. Aux femmes, il avait demandé d'abandonner leur luxe et leurs parures — bijoux, diamants, décolletages ou vains oripeaux —, afin que leurs dépenses mieux ordonnées contribuassent à la prospérité de la République. De la jeunesse, il avait sans peine obtenu que ses divertissements désordonnés et brutaux fussent remplacés par des besognes utiles. Mais des hommes — ces maîtres de la cité — il avait beaucoup (peut-être trop) exigé en les frappant dans leurs habitudes, pour ne pas dire leurs faiblesses.

Le jeu notamment — ce fléau qui, comme l'hydre de Lerne, semble pousser en excroissances morbides toutes les fois qu'on le retranche sur quelque point —, le jeu avait été l'objet de toutes ses remontrances. Un peu naïvement, il s'était flatté de le remplacer par le tir à l'arc et il voulut substituer aux enjeux des récompenses en nature. On ne fit que sourire. C'est donc à coups de décrets qu'il cherchait à endiguer le flot — et encore! Quant aux mœurs trop libres, on sait qu'il est difficile de les refréner sans recourir aux sanctions.

Aussi n'avait-il pas, si l'on peut ainsi parler, mâché ses mots devant le peuple et ses magistrats : « Exposez donc toutes les courtisanes en un lieu public et conduisez-les au son des trompettes.

— Oh! père (faisait-il dire à ses contradicteurs fictifs), il y en a tant que ce serait bouleverser toute une ville.

— Eh bien! commencez par une ; vous irez ensuite aux autres

et si vous ne leur donnez pas la chasteté, vous leur imposerez du moins la réserve !

Punissez les joueurs, car, sachez-le bien, on joue encore. Faites en sorte, Magnifiques Seigneurs, qu'on ne joue dans les rues à aucun jeu, ni petit, ni grand. Si vous trouvez un citoyen qui joue cinquante ducats, envoyez lui dire : La commune a besoin de mille ducats ; il faut que tu les lui prêtes…

Faites percer la langue à tous les blasphémateurs. Saint Louis, roi de France, faisant cautériser les lèvres à un blasphémateur, disait : — je m'estimerais heureux si, à ce prix, je pouvais, de ces êtres-là, débarrasser mon royaume.

Supprimez aussi les danses : ce n'est pas le temps de danser maintenant. Exigez qu'à six heures du soir les cabarets soient fermés… »

Quoi d'étonnant si de telles prétentions heurtaient dans leurs intérêts et froissaient dans leurs goûts la plupart des citoyens d'une ville où la tyrannie politique des Médicis n'avait pu être acceptée qu'au prix d'une extrême liberté des mœurs.

On ne touche jamais à ces choses (pensez aux lois somptuaires de Calvin, et plus tard aux réformes du puritanisme ou à la prohibition américaine !) sans éveiller aussitôt les sourdes menées des uns et la colère des autres (c'est-à-dire ceux qui n'entendent pas brider leurs passions), sans attiser surtout le désir de vengeance des êtres lésés, — bref, sans provoquer l'aboiement des chiens à qui l'on arrache un os.

De plus, à ouïr trop souvent les mêmes reproches, les oreilles se lassent et le cœur se ferme. Le prédicateur du Dôme n'était point sans en avoir conscience :

« Prêche à ces hommes tant que tu voudras », s'écriait-il avec quelque amertume, « ils ont pris l'habitude de bien entendre et de mal agir !... Ainsi, peuple de Florence, tu t'es accoutumé à cet appel réitéré : fais justice ! Mais tu deviens semblable à la corneille qui habite les campaniles : quand elle entend le son de la cloche pour la première fois, elle a peur. Mais lorsqu'elle s'est habituée au bruit, tu peux sonner tant que tu voudras, elle reste sur la cloche même et elle n'en bouge plus !... »

On ne pouvait mieux caractériser certaines apathies. Outre cela, les difficultés économiques du moment fournissaient aux adversaires du *Frate* un argument nouveau.

Les vents d'automne avaient pu disperser la flotte vénitienne et délivrer ainsi Livourne. Mais le blé n'en était pas moins rare, et c'est les boulangers que, pour lors, on assiégeait. Nombre d'échoppes ou d'étalages étaient clos. La misère augmentait. La maladie peuplait les hôpitaux. Bousculades et émeutes allaient se multipliant. On pillait le marché aux grains et, lorsqu'on recourut aux distributions gratuites, des femmes moururent étouffées dans la violence des bousculades.

A tout prix, il fallait soulager ces détresses. Alors, pour pouvoir dispenser des secours, la Seigneurie dut réduire le traitement des fonctionnaires, élever le taux de l'impôt et exiger des clercs un emprunt. Voulant éviter le reproche de mesures arbitraires, elle crut, sur le conseil de François Valori — cependant partisan et ami du *Frate* — pouvoir apaiser le peuple et dissiper ses griefs en abaissant de vingt-neuf à vingt-quatre ans l'exercice du droit de vote.

Imprudente mesure ! Les mécontents ne se recrutaient-ils pas avant tout dans la jeunesse dorée qu'on avait sevrée de réjouissances ? C'était lui donner l'occasion d'élever de nouvelles exigences. Se joignant donc aux *Arrabbiati*, ces partisans de la vie libre si bien nommés, les *Compagnacci* ou plus exactement les Mauvais Compagnons — invectivaient avec force contre les *Piagnoni* — les geignards — et ce qu'ils appelaient « la dictature du *Frate* ». Savonarole s'empressa de protester contre une décision dont il voyait clairement les dangers :

— « Peuple ingrat, Dieu vous a donné ce Grand Conseil, et vous voulez le, détruire en y introduisant les ennemis du pays !... » Mais le mal était fait et la protestation fut vaine.

L'autodafé des vanités.

Par un acte d'énergie qui, du même coup, deviendrait un symbole, le Prieur voulut à la fois rassurer ses partisans et ramener le débat sur son terrain favori : la réforme des mœurs.

A la veille du carnaval de 1497, dont les « Enragés » profiteraient sans doute pour battre en brèche les restrictions détestées, Fra Girolamo, reprenant un projet qu'il mûrissait dès longtemps, réunit ses cohortes de jeunes et leur demanda de quérir, de porte en porte, toutes les « frivolités » dont s'embarrassait encore un peuple ami du plaisir. Statues trop évocatrices, bustes de divinités païennes, livres impies, masques de bouffons, parures ou perruques, tout devait être ramassé en vue d'un formidable bûcher que surmonterait le simulacre habituel de « Sa Majesté Carnaval ».

Ce que, trois ans plus tôt, il n'avait pu obtenir de l'archevêque de Florence, ni surtout du plein gré de ses concitoyens, son autorité demeurée grande encore l'obtint d'une population relativement docile. Comme en Espagne, mais sur un plan différent, un *auto da fé* aurait lieu. Il fallait, disait-il, « un sacrifice en l'honneur de Dieu ». Il eut lieu le 7 février.

Tout le butin conquis par la jeunesse fut entassé sur la *Piazza*, et le bûcher s'éleva en forme de pyramide. A la base étaient les bonnets de folie, les fausses barbes, les vêtements carnavalesques, en un mot tout l'attirail de circonstance ; au-dessus venaient les livres proscrits, parmi lesquels non seulement les auteurs licencieux de l'époque, mais des poètes légers de l'antiquité tels qu'Ovide ou Anacréon ; puis les ornements et objets de toilette des femmes, pommades, parfums, miroirs, cheveux postiches et autres « vanités » ; plus haut encore, les tables de jeu, les dés, les cartes, les trictracs ; enfin, au sommet, des toiles ou des sculptures dont les sujets ou l'attitude étaient tenus pour déshonnêtes. En dépit des *Arrabbiati*, ce fut devant une foule immense que la flamme dévora ce magma confus, tandis que l'air vibrait du son des hymnes enfantines, des trompettes et de la voix des cloches.

On a maintes fois crié au vandalisme et déploré la perte de prétendus chefs-d'œuvre. De bons juges, peu portés d'indulgence pour le *Frate*, assurent qu'il n'en fut rien. Dédaignant l'offre d'un Juif vénitien qui, du tout, avait inutilement proposé vingt-deux mille florins, les magistrats *frateschi* firent exécuter un portrait de ce marchand trop ingénieux et s'arrangèrent à le placer parmi ceux qu'on devait livrer aux flammes. Quant aux artistes eux-mêmes — et l'on sait si leur nombre était grand à Florence —, ils ne se scandalisèrent nullement de ce *Bruciamento delle Vanità*. Roeder, qu'on ne peut accuser de complaisance à l'égard de Savonarole, assure « qu'en dehors des exemplaires de Boccace ou du Morgante et peut-être d'une poignée de dessins d'académie de Baccio della Porta, on ne connaît rien d'essentiel qui ait été détruit. Parmi toutes les accusations que les adversaires du Dominicain portent encore contre lui, celle de vandalisme compte pour peu ou pour rien ... »

D'ailleurs, en achetant deux mille florins pour le couvent de Saint-Marc une collection de manuscrits provenant de la bibliothèque des Médicis, le Prieur n'avait-il pas donné la preuve que de l'ivraie il savait pourtant distinguer le bon grain ?

Un nouveau bref du Pape.

Pendant ce temps, à Rome, de graves décisions s'élaboraient lentement. Les flèches acérées du *Frate* contre la cour papale avaient fini par atteindre au vif celui qu'elles visaient sans conteste.

A vrai dire, la nature sensuelle et indolente d'Alexandre VI ne le portait pas d'instinct aux actes d'autorité. Assuré de l'orthodoxie du Prieur et médiocrement sensible à ses aspirations vers une éthique épurée, il s'était, en bon administrateur, davantage préoccupé de ses idées politiques et de son opposition à la Ligue que patronnaient Milan et les États de l'Église. Ayant grand besoin qu'on jetât le voile sur son indignité, le Borgia régnant sur l'Église demandait avant tout que fût oublié ce qu'on a appelé « son insatiable appétit de femmes et de richesses ». Or, on vient de voir si, sur ce point, Fra Girolamo se montrait tolérant ! Ses fulminations incessantes ne visaient pas seulement les libertins de Florence mais celui que, scandale inouï, on avait placé au sommet de la hiérarchie catholique.

Pour indulgent qu'il fût sur tant d'articles essentiels, le Pape n'en ressentit pas moins le feu des traits lancés par le moine audacieux.

Une réaction était inévitable.

A titre d'avertissement — on se le rappelle — un premier bref était parti de Rome, le 8 septembre 1496, abolissant l'autonomie du couvent de Saint-Marc : on avait placé celui-ci sous une nouvelle juridiction contrôlée par le Saint-Siège. Et les termes mêmes qu'employait la Curie ne témoignaient d'aucune bienveillance. Il était question là « d'un certain Fra Girolamo, ami des nouveautés et propagateur de fausses doctrines... » Le coup était dur. Il fut accusé par le Prieur, qui — dès le 29 du même mois — donna libre cours à son ire « sans crainte des menaces et des excommunications, mais en bravant la mort plutôt que d'accepter ce qui serait poison et damnation pour l'âme ». La suite de sa riposte intitulée : Apologie pour la Congrégation de Saint-Marc est une préfiguration réelle de l'attitude que, trente ans plus tard, devaient adopter les Réformateurs :

« Quand les ordres supérieurs répugnent à la conscience, déclarait-il, il faut d'abord résister et humblement les corriger — ce que nous avons fait. Mais si cela ne suffit pas, alors il faut imiter saint Paul qui, en présence de tous, sut résister en face à Pierre... »

L'allusion était claire et Rome n'eut pas de peine à la saisir. Soulignant un affront que, dans son laisser-aller habituel, le Pape aurait peut-être admis tacitement, les adulateurs qui s'agitaient autour de lui réclamèrent un blâme énergique. Le bruit en parvint aux oreilles du *Frate*, lequel, avec une témérité peut-être excessive, semblait multiplier les pointes au cours du carême de 1497.

« Apportez-la, apportez-la, votre excommunication et sur un fer de lance. Ouvrez-lui toutes grandes les portes !... » s'écriait-il dans un de ses célèbres sermons sur Ezéchiel (22e sermon sur

Ezéchiel).

A défaut de l'excommunication un second bref était parti le 16 octobre mais sans avoir plus d'effet, car les turpitudes romaines dont le bruit parvenait au-dehors ne pouvaient qu'exciter encore ses justes colères :

« Viens, Église perverse. Écoute ce que le Seigneur te dit : je t'avais donné de beaux vêtements et tu les as convertis en idoles. Tu as prostitué les vases sacrés à l'orgueil, les sacrements à la simonie. Tu es devenue dans la luxure une courtisane effrontée. Autrefois tu avais honte de tes péchés ; maintenant tu ne sais Plus rougir. Tu as ouvert au vice un asile public, tu as construit en tous lieux des maisons de débauche. Quiconque a de l'argent entre et fait ce qu'il veut. Quiconque cherche le bien est chassé... Ainsi, ô Église prostituée, tu as étalé ta dépravation devant l'univers entier et ton souffle empoisonné est monté jusqu'au ciel... »

Jetant ses regards au dehors et se sachant compris ailleurs, Savonarole se plaisait à compter sur des concours efficaces :

« ... Vous imaginez-vous que nous soyons seuls, qu'il n'y ait pas dans d'autres lieux des serviteurs de Dieu ? Jésus-Christ en a beaucoup. Ils sont nombreux en Allemagne, en France, en Espagne et pleurent silencieusement sur les souffrances de l'Église. Ils remplissent les villes et les châteaux, les villages et les couvents. Ils envoient des émissaires pour me parler à l'oreille, et le leur réponds : — Tenez-vous cachés jusqu'à ce qu'il vous soit dit : Lazare, sors ! Lazare, *veni foras !* Je reste ici parce que le Seigneur m'y a placé et j'attends qu'il m'appelle. Alors, je parlerai d'une voix forte, qui sera entendue de toute la chrétienté et qui fera trembler le corps de l'Église, comme la voix de Dieu fit trembler le corps de Lazare.

(23ᵉ sermon sur Ezéchiel) »

Prévoyant bien que de telles déclarations devaient lui valoir les foudres du Saint-Siège, l'intrépide, et peut-être imprudent orateur ne laissait pas d'entrevoir et presque de braver l'excommunication. Mais, plus accessible, on l'a vu, aux motifs politiques qu'aux raisons religieuses, le Pape entendait manœuvrer sur son terrain de prédilection. S'il pouvait amener Florence à se rallier à sa Ligue nettement hostile aux Français, rien ne ferait tort plus grand à l'autorité de ce Dominicain que, dans un moment de mauvaise humeur, Alexandre VI avait qualifié de « sac à paroles »…

Or, un danger de plus menaçait la cité du Lys. Pierre de Médicis s'était établi à Rome auprès de son frère le cardinal et, bien que son inconduite le disqualifiât aux yeux de tous, on le vit, en avril, se présenter devant Florence à la tête de treize cents mercenaires. A ce moment aussi, le roi de France, qui paraissait soutenir les revendications de Pierre, fit mine de marcher sur la cité du Lys.

A cette nouvelle, le peuple florentin s'alarma. Comme le dit l'historien Jacopo Nardi, on eut sous les yeux un surprenant spectacle : en quelques heures, hommes et enfants furent armés ; la ville se remplit de vivres et d'armes ; dans les villages, on leva onze mille fantassins qui furent munis de cuirasses ; on pourvut de pierres toutes les tours, on barricada portes et rues. Et, chose rare, en même temps qu'ils procédaient à cette levée en masse, les *Piagnoni* (ces « pleurnicheurs » qui, selon les *Arrabbiati*, n'étaient bons qu'à marmotter des Ave Maria) assistaient aux offices et ne négligeaient pas les prières publiques.

Du haut de sa chaire, le Prieur les exhortait avec vigueur : « Adressez à Dieu des prières », s'écriait-il dans l'un de ses sermons sur les Psaumes, « sans renoncer aux précautions humaines. Aidez-vous vous-mêmes par tous les moyens possibles et le Seigneur sera avec vous… Si vous demeurez unis, la victoire vous appartiendra quand bien même le monde entier serait contre vous… »

Fort heureusement, les portes demeurèrent closes. Une fois de plus, Pièro le triste sire n'eut qu'à tourner casaque. La fin de sa vie fut d'ailleurs lamentable : l'immense fortune commencée par Sylvestre, augmentée par Cosme et portée à son apogée sous Laurent, s'était peu à peu dissipée. Paresse, large chère, incessantes beuveries et débauche constante, il n'en faut pas davantage pour épuiser le plus gros des trésors. Après s'être brouillé avec son frère, Pièro retomba dans la fange et n'en put plus sortir. Ainsi finissait une dynastie dont l'éclat ne faisait qu'un avec celui de Florence même.

L'alerte créée par l'absurde équipée avait suffi à déchaîner les colères d'un peuple qui prétendait rester libre. *Arrabbiati*, *Bigi* et *Frateschi*, tous les partis entrèrent en ébullition, et, comme les premiers entendaient profiter des circonstances pour se débarrasser aussi du Prieur, une manifestation d'hostilité fut ourdie pour la fête de l'Ascension (4 mai 1497), jour où il devait remonter dans la chaire du Dôme.

La veille, un parti de jeunes énergumènes, ces *Compagnacci*, variété bien peu intéressante de la tribu des « Enragés » à la tête de laquelle était Doffo Spini, imagina de pénétrer dans la cathédrale pour garnir la chaire d'une peau d'âne, la souiller abominablement et planter des pointes de fer dans la tablette que d'ordinaire l'orateur martelait de son poing. On s'en aperçut à temps et Fra Girolamo put commencer sans autre difficulté une prédication d'allure assez sombre où l'annonce d'événements tragiques s'appliquait autant au pays qu'à sa propre personne.

Dissimulés dans la foule, les conjurés, qu'on pouvait facilement reconnaître à leur élégance parfumée et à leurs mines railleuses, voyaient venir leur heure. Primitivement, ils s'étaient entendus avec un maître artificier pour faire sauter la chaire durant le sermon du *Frate*, mais ils y avaient renoncé par crainte du peuple. La chose avait transpiré. Aussi, lorsqu'un des Compagnacci, François Cei, eut jeté avec violence le tronc des aumônes sur le pavement, sa chute fit croire à une explosion et la panique s'ensuivit. A ce moment un Arrabbiato, membre du tribunal des Huit, tenta, mais en vain, de précipiter Jérôme hors de la chaire. Mais, par son calme, celui-ci réussit à dominer les clameurs et à rassurer l'auditoire. Ses partisans se groupèrent; quelques-uns même dégainèrent. Il fallut, ce soir-là, que, par la Via del Cocomero, une escorte armée l'accompagnât jusqu'à Saint-Marc. Alors, pour éviter de nouveaux incidents, la Seigneurie jugea bon de fermer les lieux de culte. C'en était trop : quatre jours après, Savonarole publia son *Épître à tous les élus de Dieu et à tous les chrétiens* qui reprit les idées développées dans le sermon de l'Ascension.

La haine des « Enragés » en fut accrue au point qu'outre le bannissement du Frate, ils demandèrent aussitôt à Rome de recourir contre lui à la mesure suprême, celle que l'on réservait aussi bien aux opposants tenaces qu'aux transgresseurs obstinés.

La bulle d'excommunication.

Rome, en effet, n'était que trop encline à céder à ces vœux. Le Pape s'étant laissé circonvenir par son entourage, et notamment par le trop fameux Mariano de Genazzano, une bulle d'excommunication venait d'être signée et fulminée le 12 mai. Un théologien, Jean de Camerino, ennemi déclaré de Savonarole, s'était chargé de la transmettre, mais comme son courage n'allait pas jusqu'à la porter plus loin que Sienne, elle resta quelque temps en souffrance dans cette cité aux mœurs fort relâchées :

« Nous vous recommandons (lisait-on dans ce texte spécialement destiné aux autorités ecclésiastiques) de déclarer en présence du peuple que le frère Jérôme est excommunié — c'est-à-dire qu'il n'a plus droit à la communion des saints — et qu'il doit être considéré comme tel par vous, parce qu'il ne s'est pas conformé à nos remontrances et à nos ordres apostoliques. Et, par la même mesure, quiconque cherchera à lui venir en aide, à le fréquenter ou à faire son éloge, soit en paroles soit en actes, sera excommunié et suspect d'hérésie... »

Avant que ne parvînt sur les bords de l'Arno ce message accablant, Fra Girolamo en avait eu vent par des voyageurs et des lettres privées. Sans délai, il résolut de se défendre et de protester contre l'imputation, d'ailleurs inexacte, de répandre l'hérésie. Bientôt partit de Florence — geste un peu précipité sans doute — une courte lettre dans laquelle il dénonçait les manœuvres hostiles de son impitoyable ennemi, le frère Mariano. Ce dernier, déclarait Jérôme, n'avait-il pas, lui aussi, à d'autres occasions, vitupéré le Saint-Siège ?... Peu après, en appelant du Pape mal informé au Pape mieux informé, le Prieur expliquait, en réponse aux deux autres reproches, les motifs qui l'avaient empêché de répondre à l'ordre reçu et de réunir le couvent de Saint-Marc à ceux de la province romaine.

Aussitôt la bulle annoncée, avec la joie féroce d'êtres piétinant l'idole qu'ils ont pu renverser, les *Arrabbiati*, devenus maîtres de la Seigneurie, proclamèrent abolies toutes les mesures réformatrices. Et, renchérissant encore sur le parti des Enragés, les Compagnacci, sûrs désormais de leur victoire, vinrent assiéger Saint-Marc et proférer contre son chef d'abominables injures.

Ce serait mal connaître Savonarole que de le croire terrassé. De sa cellule, en moins de deux jours — quelques heures avant la date où sa condamnation devait être officiellement promulguée — fut écrite une *Épître contre l'excommunication subreptice*. Il déclarait cette sentence nulle devant Dieu et devant les hommes et ajoutait que si la chaire du Dôme devait rester muette, l'autel de Saint-Marc ne pouvait lui être enlevé.

Et le *Frate* d'affirmer que se soumettre à une condamnation injuste « n'est que patience d'âne et sotte timidité de lièvre ». Car pour lui approchait le moment d'en appeler à un concile général de l'Église. « Oui, lorsqu'il s'agit d'éviter une condamnation injuste, déclarait-il hautement, ce n'est point pécher, pour un chrétien, que d'avoir recours au pouvoir séculier : de telles condamnations sont pure violence et le droit naturel enseigne à répondre à la force par la force… » Mais le poids de la tradition et l'ardeur des rancunes devaient malgré tout l'emporter.

Enfin parvenu à Florence vers la fin de mai, le texte de la bulle fut affiché dans les églises principales de chaque quartier, bien que de nombreux membres du clergé eussent refusé de le publier en excipant du fait que le commissaire apostolique Camerino, dont l'usage exigeait la présence, s'était indignement dérobé à sa tâche.

La pression officielle augmentant, on vit, le 22 juin, le clergé séculier se réunir aux religieux de Santa Croce, à ceux de Santa

Maria Novella et de San Spirito, aux moines noirs et aux *Zoccolani*, pour entendre, sous les voûtes du Dôme, la lecture du texte papal. Des cierges brûlaient et longuement les cloches sonnaient le glas. Puis tout s'éteignit et se tut, — cierges et cloches. Le silence et l'obscurité tombèrent sur la nef immense. Coïncidence à relever, on était au jour le plus long et le plus radieux de l'année : à la lumière d'un ciel éclatant allait désormais s'opposer ce que le Christ appelait la puissance des ténèbres.

XI

L'HOSTILITÉ DU PAPE ET DES CLERCS

> Ce qu'étaient les Borgia. — Appuis inespérés. — La peste à Florence. — Retour des luttes intestines. — Les prédications de l'hiver. — La menace de l'interdit. — Mise en demeure de la Seigneurie.

Condamné par le Saint-Siège, qui, jadis, avait courbé un empereur sous son joug, Savonarole, simple moine, serait-il de taille à braver jusqu'au bout l'autorité suprême ?

Eût-il trouvé, parmi les siens, l'appui auquel lui donnaient droit ses robustes convictions que, très certainement, on l'aurait vu revendiquer au nom de son Ordre la liberté de parler selon sa conscience, comme il avait, pour la cité, revendiqué celle de vivre hors du joug médicéen. Or, affligeante constatation, il avait contre lui non seulement le clergé séculier mais les réguliers, en tête desquels les Franciscains. Oubliant la rencontre fraternelle immortalisée par Andrea della Robbia, les frères mendiants s'opposaient nettement à l'action du supérieur de la communauté dominicaine ; Santa Croce, l'imposante église gothique dont la triple nef abrite les tombeaux de tant d'hommes illustres, retentissait alors, non pas de paroles apaisantes à l'égard d'un frère en la foi, mais d'imprécations contre le chef de la congrégation rivale, tant il est vrai, comme on l'a dit ailleurs, que la passion aveugle !... Les Augustins ne voulurent pas rester en arrière et déclarèrent qu'ils s'abstiendraient de prendre part à la procession de la Saint-Jean si l'on y voyait paraître les Dominicains de Saint-Marc ou bien ceux de Fiesole soumis à l'autorité du Prieur.

Tant d'oppositions convergentes ne pouvaient qu'être saluées avec alacrité par ceux qui souhaitaient la rupture du joug qu'un être trop intègre faisait peser sur la cité. Aussitôt se vidèrent les églises, aussitôt se rouvrirent tavernes et maisons de jeux, aussitôt reparurent danses et courses de chevaux. Les filles de joie furent rappelées, les mauvaises mœurs triomphèrent et tout ce qu'avait cru écarter le maître spirituel de Florence ressurgit à l'instant où le chef de la Chrétienté jugea bon de lui casser les reins. Preuve suffisante que, dès le moment où l'on bat en brèche l'influence du Christ, c'est le règne de Satan qui s'instaure.

Ce qu'étaient les Borgia.

Tout à coup, les derniers jours de juin, se répandit la nouvelle d'une effroyable tragédie survenue au Vatican même. Jean Borgia, duc de Candie, fils aîné de celui qu'il fallait appeler « Sa Sainteté », venait d'être assassiné et son cadavre jeté dans les fanges du Tibre. On avait tout lieu d'accuser de l'abominable forfait son frère puîné, César Borgia, cardinal de Valence, et des rumeurs laissaient supposer un motif nettement crapuleux : leur sœur Lucrèce, divorcée d'avec Jean Sforza, était entre eux, disait-on, le sujet d'une criminelle jalousie. Quelle famille !...

Dans son désespoir momentané, le Pape exigea une enquête. Elle mit en lumière des scandales tels que, bien vite, on dut tirer le voile. Pour sauver la face, il étouffa ses cris et, coupant court à tout effort de repentir, il se retrouva ce qu'il était avant. Pouvait-on mieux justifier les sévérités d'un Savonarole ?

Et cependant, mis au courant de la douleur du pontife, Fra Girolamo vit son devoir à lui adresser une lettre de condoléances exempte de toute allusion au sujet qui les opposait l'un à l'autre. Comment n'aurait-il point partagé la souffrance d'un père, indigne sans doute, mais frappé dans l'objet de sa dilection ? Certains lui ont reproché cet acte en jetant le doute sur sa sincérité. Est-ce bien comprendre sa nature impulsive et les irrépressibles élans de son cœur ? Au surplus, loin de flatter le chef de l'Église, Savonarole ne craignait pas de lui rappeler ses devoirs et d'attirer son attention sur les solennels avertissements d'En-Haut. Il l'adjurait de transmuer, par une victoire de la foi, « son calice de douleur en un calice de joie ».

« Saint-Père, ajoutait-il, je vous écris ces choses dans un esprit de charité, avec l'espoir qu'un réconfort vous sera vraiment accordé par Dieu même. Avant peu, les foudres de sa colère se feront entendre et je dis bienheureux ceux qui auront mis leur confiance en Lui, *Beati omnes qui confident in Eo...* »

Sensible au premier abord à ce message inattendu, le Pape se replia plus tard dans son orgueil et parla de « l'effronterie » du *Frate* qui, selon lui, avait eu l'audace d'insulter à sa douleur de père !... La catastrophe n'avait point changé l'homme : n'ayant vécu que pour la chair et frappé dans sa chair, il y retournait d'instinct.

Appuis inespérés.

A Florence même, la rafale avait déjà passé et les conjonctures politiques redevenaient favorables au Prieur. Une nouvelle Seigneurie, élue en juillet, demanda le rappel de la sentence d'excommunication au pontife. Pour présenter la chose à Alexandre VI et le ramener à de meilleurs sentiments, un mandataire fut choisi en la personne du patricien Bracci.

En tout état de cause, il fallait amadouer le Pape et déjouer un stratagème habilement combiné : sachant avec quelle ardeur les Florentins désiraient la restitution de Pise indûment confisquée par Charles VIII, Alexandre l'avait fait offrir contre ce qu'il appelait des « cautions suffisantes ». A cela, il ne posait qu'une condition, mais une condition péremptoire : l'entrée de la cité du Lys dans la Ligue que dominait le Saint-Siège. C'était, pour Florence, renoncer à sa liberté et sacrifier Savonarole. La Seigneurie, fort embarrassée, s'en remit au savoir-faire de son ambassadeur, qui lui-même hésitait à engager ses commettants.

Irrité de cette attitude, le Pape s'emporta et sa déclaration le dépeint d'un trait. Comme le Borgia et Bracci se nommaient l'un et l'autre Alexandre et que tous deux étaient de forte corpulence, le successeur de saint Pierre éclata brusquement :

— « Monsieur le secrétaire, vous semblez aussi gros que nous, mais vous êtes venu pour une maigre mission. Si vous n'avez rien de plus à dire, nous en resterons là !... »

Puis, gagné par sa rancune contre le *Frate* : — « Nous savons bien que tout cela provient de votre foi en un marchand de paraboles. Vous lui permettez de nous déchirer, de nous insulter, de nous fouler aux pieds. Cela ne peut durer davantage !... »

Ainsi grandissait la tension entre deux pouvoirs opposés : l'un, au nom de sa conscience, défendant sa position, l'autre, au nom de la discipline, exigeant une soumission.

A leur tour, les religieux de Saint-Marc adressèrent à Rome une pétition qu'avaient signée trois cent soixante-trois citoyens, grands amis du Prieur. Le mélange de deux éléments — religieux et civil — ne pouvait qu'irriter les gens (et Savonarole en était) qui désiraient maintenir une ligne de démarcation. Au Grand Conseil, cette intervention fut vivement critiquée : on alla jusqu'à accuser les signataires laïcs de crime contre l'État. Recourant à la calomnie, ses ennemis accusaient le Prieur de se servir du confessionnal pour agir sur les bureaux de vote.

On sait que Fra Girolamo cherchait, dès longtemps, à s'éloigner de la vie publique, les choses de l'État n'étant point son affaire et ses aspirations le portant avant tout vers une réforme de l'Église. Mais peut-être s'était-il trop avancé et ne pouvait-il plus retirer sa main d'un engrenage qui devait la broyer ? Quel que fût son désir d'éviter un contact direct avec la Seigneurie, chacun à Florence savait que ses partisans enthousiastes, les Valori, les Soderini, les Cambi n'entendaient point renoncer au bénéfice de sa popularité. Des notables venus du dehors, des ambassadeurs étrangers cherchaient souvent à le voir... On ne se soustrait qu'avec peine à des honneurs compromettants.

Plusieurs reprochaient aussi aux Dominicains de Saint-Marc de s'être écartés de la règle et de conserver avec le monde un commerce fâcheux. Il est certain que sous la direction d'un chef aussi ardent, les frères ne pouvaient rester étrangers aux problèmes de l'État. Bien des hypothèses et des solutions d'ordre civique furent discutées longuement sous les arceaux du cloître fleuri ; plusieurs n'étaient pas sans valeur puisque, dans la suite, au rebours des idées que défendait le Prieur, la Seigneurie les adopta : telle, notamment, la nomination à vie du Gonfalonnier qui, à l'exemple de Venise, deviendrait le chef suprême de la République.

La peste à Florence.

Dans la ville même allait s'installer une grande détresse. La disette avait conduit à l'intérieur de ses murs foule de paysans qui, croyant y trouver des ressources abondantes, moururent littéralement de faim et ne purent être assez vite enterrés. La peste se déclara au cours de ce tragique été et jeta partout l'épouvante. On comptait cinquante, parfois soixante-dix morts par jour. Abandonnant leur industrie ou leur commerce, les citadins bien rentés s'enfuirent à la campagne, ce que ne pouvaient faire les petits et les humbles. La vie publique fut suspendue. Au milieu de la terreur générale, Savonarole devait être l'un des seuls à conserver sa sérénité, car l'épidémie n'épargnait pas plus Saint-Marc que les autres quartiers. Il voulut envoyer aux champs soixante-dix des frères les plus affaiblis, mesure qui lui fut également reprochée, car, prétendaient ses adversaires, leur rôle eût été de soigner les malades avant de se soigner eux-mêmes.

Il se peut. Mais qu'injuste est l'accusation portée contre le chef d'avoir par dessus tout songé à sa personne. L'un de ses biographes, assez mal disposé pour lui, reconnaît qu'il resta à son poste et qu'au surplus l'excommunication dont il était frappé lui interdisait tout ministère extérieur. Dès lors est-il équitable de l'accuser, comme l'a fait Perrens, d'avoir eu peur, sinon de la mort, du moins de la souffrance ? On peut lire, dans une lettre à son frère Albert, ces mots révélateurs : « Je reste ici pour consoler les affligés, tant séculiers que religieux… » D'ailleurs, le *Frate* n'avait pas en vain donné l'exemple du sang-froid : « Nos frères, remarquait-il, meurent joyeusement, comme s'ils allaient à une fête… » Et, dans la cité ravagée, régnait une exaltation véritable : hommes et femmes, frères et laïcs rendaient l'âme en louant le Seigneur.

Chose curieuse, l'épidémie épargnait les enfants. Savonarole vit en cela une récompense de leur zèle pieux et salua ce qu'il appelait « l'honnête peste » comme un appel d'En-Haut. Florence, il est vrai, regorgeait de cadavres. Mais, pour un temps, les factions désarmaient. La haine des *Arrabbiati* et des *Compagnacci* paraissait calmée. Peu à peu, l'épidémie perdit de sa virulence pour disparaître à fin d'août.

Retour des luttes intestines.

A Rome, les mois qui suivirent n'amenèrent aucun changement de dispositions. L'ambassadeur Bracci avait beau se multiplier, la Curie n'entendait point céder. Pourtant, en sous-main, le cardinal de Sienne, François Piccolomini, qui devait accéder à la papauté sous le nom de Pie III, fit comprendre à qui de droit que, moyennant un versement de cinq mille écus, l'excommunication pourrait être levée…

Hors de lui, Savonarole s'exclama : « Je tiendrais pour une censure bien grave d'acheter l'absolution à ce prix ! … »

Et, par horreur de ces offres vénales, venant d'un des plus hauts dignitaires de l'Église, il repoussa de nouveau toute concession, ne fût-ce que celle d'un voyage à Rome ou la réunion de Saint-Marc à la congrégation toscano-romaine. Dira-t-on que l'orgueil fit le fond de cette résistance ? En réalité, le spectacle qu'offrait la Ville éternelle suffit à laver le Prieur d'un reproche aussi dur.

Naturellement, sitôt la peste disparue, on vit renaître les conflits. Conduits par Francesco Valori, les *Frateschi* réprimèrent avec la dernière sévérité une tentative, d'ailleurs avortée, de restauration des Médicis dans laquelle étaient impliqués un vieillard de soixante-quinze ans, Bernardo del Nero et Lorenzo Tornabuoni, porteur d'un des plus grands noms de Florence. Cinq des conjurés, accusés d'avoir soutenu cette cause et favorisé le répugnant Pièro, posèrent la tête sur le billot. L'agitation fut intense et les partis opposés, *Bigi* et *Arrabbiati*, en prirent prétexte pour reprocher au Prieur de n'être point intervenu en faveur des condamnés. On sait aujourd'hui qu'il le fit, mais peut-être avec peu de chaleur. Les passions populaires déchaînées, il aurait fallu parler très haut et l'on se demande s'il pouvait encore le faire ? Il faut rappeler encore qu'à cette époque le *Frate* était déjà résolu à se retirer de la vie publique et qu'il ne participa aucunement à la *Pratica*, cette réunion des Conseils où fut votée la condamnation à mort des cinq conspirateurs et la confiscation de leurs biens.

Une autre cause tendait à détacher de Fra Girolamo les partisans de son intervention auprès de Charles VIII, au temps où le « pygmée-paladin » — comme on l'a parfois dénommé — avait honoré Florence de sa discutable amitié.

Savonarole, on le sait, s'était toujours montré partisan de l'alliance française. Il se plaisait à croire que le souverain restituerait enfin à la ville du Lys celle de Pise, son ancienne vassale. Rome, si nettement hostile à toute immixtion du roi dans les affaires d'Italie, devait, en plus de tant d'autres choses, faire grief au Prieur de cette excessive confiance.

Dans la mesure où s'annonçait une intervention étrangère devait s'affirmer aussi l'attitude du moine. Le roi de France, en effet, ne venait-il pas de saisir la Sorbonne de trois questions sur les droits de la Papauté, ce qui ne pouvait manquer d'exaspérer cette dernière ? Par malheur, l'automne venu, on avait vu Charles conclure une trêve avec Milan et ajourner son expédition. Une fois encore, Savonarole se retrouvait seul, n'ayant pour le soutenir que la faction des *Frateschi* revenue pour quelques mois au pouvoir.

Ses partisans voulurent au moins lui donner une preuve de confiance. Ils le prièrent de remonter en chaire, nonobstant la défense de Rome. Les membres de sa congrégation et des cohortes de jeunesse joignirent leurs voix instantes à celles des magistrats. Le *Frate* n'eut pas de peine à se laisser convaincre : le jour de la Noël de 1497, il sortit de sa réserve et célébra la messe à Saint-Marc où deux à trois cents fidèles reçurent la communion de sa main. Puis, à la tête de ses moines, il conduisit autour de la place voisine une procession solennelle. C'était lever avec hardiesse, avec témérité peut-être, l'étendard de la révolte.

La Seigneurie avait assisté à cette messe et baisé la main de l'officiant : elle ne pouvait, avec plus de clarté, s'associer à un geste de défi. Or, pactiser avec un prêtre frappé d'excommunication, c'était se mettre en totale opposition avec les lois de l'Église, c'était commettre un acte sacrilège. N'avoir cure des effets n'est pas vertu courante : nombreux donc furent les Florentins qui, dès ce moment, abandonnèrent la cause des *Piagnoni*, isolant toujours davantage le Prieur et son groupe. Aussitôt, avec plus de courage que de prudence, les magistrats prirent la résolution de rouvrir le Dôme et d'y rappeler l'orateur aimé des foules.

Quelques restrictions maladroites, par lesquelles on empiétait sur des droits acquis, ne devaient pas tarder à jeter l'émoi dans les classes dirigeantes : on y vit des abus de pouvoir, dont, sans nulle raison, Savonarole était rendu responsable. Appelé à monter en chaire à la veille du vote populaire, le prédicateur flaira le danger et voulut se dédire, d'autant que l'autorité ecclésiastique, représentée par un Médicis, le grand vicaire général Leonardo, faisait défense aux clercs et aux laïcs, sous peine d'interdit, de venir l'entendre. Sur quoi, nouvelle intervention de la Seigneurie qui, sous peine de bannissement, donna deux heures à l'archevêché pour se rétracter. On était en pleine atmosphère de bataille, mauvaise condition pour proclamer le message évangélique.

Les prédications de l'hiver.

Le dimanche de Septuagésime, c'est-à-dire le troisième avant le premier dimanche de carême (11 février 1498), Fra Girolamo remonta dans la chaire de Santa Reparata. De toute évidence son exorde ne dissimulait rien d'une position éminemment périlleuse : « O Seigneur, tu m'as lancé sur une mer orageuse et je ne puis ni ne veux retourner en arrière... »

Mais, toujours ferme à l'article du dogme, il insista sur un point que le Pape lui-même ne pouvait contester : « Je te demande seulement, Seigneur, la grâce de ne rien avancer qui soit contraire à la Sainte Écriture et à l'Église... »

Cela dit, il ne tarda pas à rappeler les désastreux effets de la mesure disciplinaire qui l'avait frappé :

« Dès que la bulle papale fut arrivée à Florence, s'écriait-il, les gens s'empressèrent vers les tavernes, la luxure et tous les vices : la vie droite fut anéantie... »

Et, comme pour justifier son appellation, plusieurs fois répétée, de « vieille ferraille » ou si l'on veut « d'instrument brisé » appliquée à Alexandre VI, il s'attaqua directement au Pape : « Vous avez vu comment quelqu'un, à Rome, a perdu son fils et comment d'autres ont perdu la vie et sont allés en enfer. Vous verrez leur procès !... »

Avec cette ironie qui s'accompagnait d'une mimique fort expressive, l'orateur fit également allusion à la vénalité cardinalice : « Voulez-vous que je vous enseigne le moyen d'obtenir l'absolution ? Non, il vaut mieux que je me taise. Je vous dirai seulement : faites ceci... » Et, sur ces mots, l'orateur frappait deux clefs l'une contre l'autre pour indiquer, par ce bruit, qu'avec de l'argent on arrivait à tout[a]...

Puis, ayant appelé ses auditeurs au don total de soi-même, il couronna son homélie d'une invocation au Christ souffrant : « Vous avez, ô Seigneur, péri pour la vérité et je prie que vous m'envoyiez à la mort afin de la défendre pour le bien de ce peuple et des élus... » (Sermon sur l'Exode et quelques psaumes.)

Une faiblesse indéniable de Savonarole — on ne l'a point caché ici — a toujours été d'appuyer sa prédication sur la notion du miracle et de promettre assez témérairement qu'il en pouvait disposer à son gré, ou, tout au moins, invoquer l'intervention directe de Dieu. En face d'un peuple avide de surnaturel et toujours en quête de sensations imprévues, n'était-ce point s'avancer à l'excès et se préparer des déceptions amères ?

Le dimanche suivant, prenant pour sujet les fonctions et le

---

a. Fait cité par VILLARI.

caractère du prêtre, l'orateur ne ménagea personne : « ... C'est le clergé qui maintient la perversité partout. Même à Rome, les prêtres se moquent du Christ et des saints et sont pires que les Turcs, pires que les Maures. Non seulement ils ne veulent point souffrir pour Dieu, mais ils vendent jusqu'aux sacrements. Il y a aujourd'hui des entremetteurs pour les bénéfices et les bénéfices se vendent aux plus offrants... A Rome, ces prêtres ont des courtisans, des écuyers, des chevaux et des chiens ; leurs maisons sont pleines de tapis, de soieries, de parfums, de valets. Leur orgueil éclate partout et n'est pas moindre que leur cupidité. Ils font tout pour de l'argent... Ils vendent les bénéfices, ils vendent les messes de mariage, ils vendent tout ... Et ensuite ils ont peur de l'excommunication ! Ils ne veulent pas avoir de rapports *in divinis* avec les fidèles qui écoutent mes sermons... O Seigneur, Seigneur, sers-toi donc de ton épée ! ... »

[VILLARI donne en note dans son ouvrage, (op. cit.), un passage de saint Bernard sur le même sujet :

« ... Ce sont les ministres du Christ, et ils servent l'Antéchrist. Ils marchent honorés des biens du Seigneur, et n'honorent point le Seigneur. De là cet éclat de courtisane, ce costume d'histrion, cette pompe royale. De là l'or qui pare freins, selles et éperons ; et les éperons brillent plus que les autels ! De là, des festins splendides et par les mets et par les coupes ; de là, des orgies nocturnes aux flambeaux et la cithare et la lyre et la flûte. De là, des pressoirs redondants, des garde-manger remplis jusqu'au bord. De là, enfin, des tonneaux de parfums et des bourses bien garnies. Voilà pourquoi ils veulent être et sont doyens, archidiacres, évêques et archevêques. » (Saint Bernard, sermon 23e.)]

Lors des prêches qui suivirent, les impatiences mêmes qu'on avait allumées surexcitèrent les esprits.

Comme le carnaval touchait à sa fin — c'était le dimanche de la

Quinquagésime — le Prieur promit à la foule de la bénir sur la place de Saint-Marc. Elle pourrait assister là à une sorte de jugement de Dieu :

« Quand vous me verrez, l'hostie à la main, je vous conjure de demander au Seigneur que si l'œuvre que j'accomplis ne vient pas de Lui, Il dirige contre moi un feu qui me précipitera en enfer… »

Au jour dit, après la messe et la communion, une procession se déroula dans les cloîtres. Près de la porte principale donnant sur la place, avait été élevée une chaire de bois. Tandis que les moines chantaient leurs litanies, Savonarole, le visage illuminé d'une exaltation intérieure, se tourna vers la foule, éleva le Saint Sacrement et prononça d'une voix sourde : « Seigneur, si je n'agis pas avec une entière sincérité et si mes paroles ne viennent pas de Toi, foudroie-moi immédiatement ! … »

Le feu du ciel, il faut le reconnaître, ne tomba pas sur l'excommunié. Mais on peut remarquer que, cette fois, une telle préservation ne tenait pas exclusivement du miracle. De quel droit l'être humain donnerait-il des ordres au Très-Haut ?

Plusieurs éprouvèrent un renouveau de confiance. D'autres, venus dans l'espoir de participer à quelque événement sensationnel, se retirèrent déçus. Ils ne cachèrent pas leur mécontentement. La plèbe, en appétit de miracle, n'avait pas trouvé là l'aliment qu'elle convoitait.

L'après-midi du même jour — qui était à la fois le dernier du carnaval et le premier du carême —, les partisans du Prieur, ces *Piagnoni* tant moqués, voulurent parcourir processionnellement les rues de la ville pour recueillir des aumônes et renouveler le feu de joie des Vanités, le *Bruciamento delle Vanità*. Ils eurent de ce fait à endurer des injures et des sévices. Dignes du nom qu'ils affichaient, les « Mauvais Compagnons » déchiraient aux uns leurs manteaux, aux autres arrachaient leurs petites croix rouges, ou bien les frappaient à coups de pierres et de bâtons.

Sans se décourager, les amis du *Frate* se groupèrent sur la place de la Seigneurie autour d'un bûcher dont l'ampleur dépassait, disait-on, celle du carnaval précédent : c'était une pyramide au sommet de laquelle avait été placé Lucifer entouré des sept péchés capitaux. On chanta le *Te Deum* et le feu fut allumé.

Mais l'enthousiasme avait baissé, La foule se fit railleuse, et, pour témoigner de ses fâcheuses dispositions, quelques mauvais plaisants jetèrent dans le brasier des immondices et des chats crevés, ce qui fit rire. Au moment de la ronde solennelle, où, suivant l'habitude, clercs et laïcs défilaient en chantant des hymnes, on fut frappé de l'apathie et de la froideur générales. De toute évidence, ce peuple inconstant avait cessé de vibrer. Lentement, implacablement, se désagrégeait l'édifice qu'avec un peu de candeur Fra Girolamo avait cru élever pour longtemps à la gloire de Dieu.

Par surcroît, les luttes politiques tournaient aussi au désavantage de ses partisans. Aux élections de mars 1498, les *Frateschi*, qui avaient la majorité à la Seigneurie, la perdirent au profit de leurs irréconciliables ennemis, les *Arrabbiati*. Ceux-ci, démentant avec habileté leur surnom d'Enragés, se gardèrent d'abuser, car il leur fallait conquérir d'autres corps constitués, ceux des *Dieci* (les Dix de justice) et des *Ottanta*. Mais, insidieusement et sûrement, ils préparaient les rets dans lesquels, bientôt, devait tomber l'objet de leur haine.

La menace de l'interdit.

Le texte des prédications du Dôme avait été, comme on le suppose bien, soigneusement transmis à Rome par les ennemis du *Frate*, car déjà en Allemagne et ailleurs il circulait sous forme de brochures. Aussi l'exaspération du Pape fut-elle portée à son comble. Néanmoins, connaissant l'influence dont jouissait encore le Prieur et le soutien que lui accordait le gouvernement, le Pontife n'osa pas menacer de ses foudres les Florentins eux-mêmes. Il se borna, par de nouveaux brefs, à interdire tout contact entre l'excommunié et les chanoines de Sainte-Marie des Fleurs.

Avec l'intrépidité qu'on lui connaît, le jour même où la Seigneurie récemment élue s'était installée au *Palazzo Vecchio*, Savonarole avait riposté du haut de la chaire : « Il est venu des brefs de Rome, n'est-ce pas ? On m'y appelle *filius perditionis*, le fils de la perdition. Voici ce qu'il faut écrire : celui que vous appelez ainsi n'a ni mignons, ni concubines : il s'attache à prêcher la foi en Christ. Ses fils et ses filles spirituels, tous ceux qui écoutent l'exposé de sa doctrine ne passent point leur temps à commettre des infamies : ils se confessent, ils communient, ils vivent honnêtement... »

On ne pouvait stigmatiser avec plus de vigueur les mœurs de la cour papale. Aussi, usant à nouveau d'une image préférée, l'orateur conclut-il, dans le ton qu'on lui connaît : « Le temps approche d'ouvrir la cassette. *Daremo volta alla chiavetta*, nous donnerons un tour de clef et il s'en exhalera une telle puanteur, tant d'ordure sortira de la cité de Rome que l'infection s'en répandra par toute la Chrétienté et les narines en seront empestées... »

Effrayée d'une telle violence, la Seigneurie, qui n'était plus en majorité favorable au *Frate*, lui ordonna de quitter le *Duomo*. Mais, sans obtempérer à l'ordre du pape tendant à s'emparer du rebelle et bravant pour elle-même la menace d'interdit, elle n'exigea qu'un changement de lieu. Savonarole pourrait donc continuer de prêcher, mais seulement en l'église de Saint-Marc.

L'auditoire l'y suivit. Si grande était la foule qu'on dut n'admettre que les hommes et laisser aux femmes le sermon du samedi. La voix du *Frate* n'en avait que plus de retentissement.

On s'en émut en haut lieu. Après avoir ménagé le parti des *Frateschi* pour le gagner si possible à sa fameuse Ligue, le pontife, qu'ulcéraient les reproches du Prieur, résolut de frapper un grand coup. Déjà, on avait condamné une *Apologie de Savonarole*, dont l'auteur n'était autre que le neveu de Pic de la Mirandole. Déjà, la même condamnation s'était abattue sur d'autres écrits de clercs et de laïcs infectés (pour parler avec Rome) d'un égal virus. Ne fallait-il pas couper court à ces velléités d'indépendance qui minaient l'autorité de l'Église ? Mieux que tout autre, Alexandre VI se rendait compte du discrédit de la papauté. Constatant que le Prieur ne cessait de frapper à grands coups, il entrevit l'écroulement possible d'un édifice aussi fortement ébranlé. Mais comme une excommunication n'avait produit aucun effet, on pouvait se demander si l'interdit, mesure suprême, en aurait davantage...

Tout, dans la nature d'Alexandre, le portait sinon à l'indulgence, du moins aux solutions mitigées. Jamais il n'avait confondu la foi et les mœurs. Pourvu que celle-là (dans ses formes tout au moins) fût décemment traitée, celles-ci pourraient garder toute la largeur possible ! Comme l'a déclaré Roeder, « avec une harmonie parfaite dans sa conduite, le pape pouvait quitter un lit de plaisirs pour aller adorer la Sainte Vierge ou encore promulguer des missions en conclave et sourire aux bouffons qui, dans l'antichambre, singeaient les cérémonies de la messe ».

Cette incapacité à chercher un accord entre l'intangibilité du dogme et la simple honnêteté de la vie l'empêchait de comprendre si peu que ce soit les scrupules du Prieur. D'autre part, le voluptueux scepticisme dont tout son être était imprégné lui interdisait les gestes éclatants. Mais tout a une fin. Des échos lui parvenaient, montrant que hors de l'Italie retentissaient les coups de boutoir du *Frate* et qu'ils étaient parfois approuvés. Alexandre dut se résoudre à agir et, comme tous les êtres faibles, une fois l'hésitation vaincue, il frappera sans ménagements.

Il y eut donc entre lui et Bonsi, qui secondait Bracci comme ambassadeur de Florence, des entrevues de plus en plus orageuses dont la Seigneurie fut instruite. Après avoir signalé l'imminence d'un interdit et les dangers que cette mesure présentait pour la cité du Lys, doucement, on insinuait qu'en abandonnant à son sort le fâcheux prédicateur, le cours normal des relations pourrait reprendre entre Rome et Florence…

Pour activer encore cette élimination si fortement souhaitée, d'autres ennemis du Prieur s'agitaient désespérément. On vit reparaître, fantôme inconsistant, Pierre de Médicis qui n'acceptait ni sa défaite ni son exil et, grâce à lui, surgit à nouveau le frère Mariano. Ce grotesque orateur, dont l'insuccès avait été complet, crut le moment venu de terrasser son rival et il remonta en chaire. Malheureusement pour lui, comme à Florence sept ans auparavant, ses pieuses diatribes furent débitées sur un ton si acerbe et le balourd les truffa de violences telles que ses plus chauds partisans en restèrent confondus :

« Le juif ! le gredin ! le coquin ! le filou !… (hurlait-il à l'adresse du Prieur de Saint-Marc). Il porte une robe courte et prêche la pauvreté, mais ses poches sont doublées d'argent ! Croyez-moi, je sais ce que je dis : il faut un moine pour comprendre un moine ; si vous voulez vous renseigner sur l'un de nous, adressez-vous à un autre… O pape, ô cardinaux, comment pouvez-vous tolérer ce monstre…? »

Enfin, apostrophant celui qu'il haïssait, il émit une prédiction — hélas ! trop vraisemblable : « Tu te dis prophète, mais quand tu rôtiras, tes garçons seront les premiers à apporter les fagots… »

Quel que fût leur désir d'en finir avec le rebelle, à ce langage les cardinaux donnèrent des signes évidents de leur irritation et le fantoche disparut de la scène. Mais les dispositions de Rome étaient prises. Rien désormais n'en pourrait altérer le cours.

Mise en demeure de la Seigneurie.

Le 9 mars, on vit partir de la Curie un véritable ultimatum. Désespérant de convaincre Jérôme ou plutôt de l'effrayer efficacement, ce fut cette fois à la Seigneurie que le Pape adressa son injonction :

« Nous n'aurions jamais pensé, déclarait-il, que votre audace nous amènerait à disputer avec vous de la question du frère Jérôme Savonarole, comme s'il s'agissait d'un procès de droit commun et comme s'il n'était pas de votre droit de rendre à César ce qui est à César et à Dieu ce qui est à Dieu. Le temps est venu de mettre un terme à la multiplication infinie de ces lettres et de ces brefs… »

Ouvert sur un ton aussi impératif, le message, qui incidemment traitait Savonarole de « chétif vermisseau faisant affront au Saint-

Siège », ne pouvait que s'achever sur un ordre plus catégorique encore :

« … En tout cas, ne nous répondez plus par des lettres mais par des actes, parce que nous sommes fermement résolus à ne plus tolérer davantage votre désobéissance. C'est pourquoi nous placerons l'interdit sur votre ville aussi longtemps que vous continuerez à mettre votre foi dans cette monstrueuse idole… »

Le 14 mars, tous conseils réunis (c'est-à-dire les douze dignitaires, les *Ottanta*, les vingt-cinq délégués de quartiers ainsi que tous les partisans que conservait le Prieur, *Frateschi* en tête, en un mot tous les dirigeants), les Florentins comprirent que ces menaces produiraient leur effet. Sur les timorés tout au moins.

Au Palais Vieux, on assista à un dernier sursaut d'indépendance, émouvante réaction d'une fierté qui bientôt devait disparaître.

— « Si l'on cède, disaient certains, le Pape exigera des concessions plus déshonorantes encore. »

On eut même, chose rare, le courage d'évoquer un passé récent, dont tous, jadis, avaient été fiers : — « Où serions-nous sans l'œuvre du frère Jérôme ? Pourquoi craignez-vous l'interdit ? que peut-il nous arriver de plus grave que l'attaque soudaine de l'Empereur qu'ils envoyèrent contre nous ? Et n'avons-nous pas, alors, été délivrés par le Seigneur ?… »

Francesco Valori, qui, toujours, avait soutenu le *Frate*, s'opposa énergiquement à l'idée de le livrer à ses ennemis ou de fermer Saint-Marc.

— « Je vous adjure, déclarait-il, de vénérer le frère plus que tout homme qui ait vécu parmi nous… »

Mais cette éloquence se dépensait en vain. Après quatre jours de délibérations, le vote de la Pratica prouva combien l'opinion restait divisée. Huit tinrent pour le Prieur, sept furent douteux, dix-sept demeurèrent hostiles. Crainte du pire, on aboutit à une transaction peu glorieuse.

A ceux qui redoutaient, pour Florence et ses intérêts, la promulgation de l'interdit, on accorda que les sermons de Saint-Marc seraient désormais suspendus. A ceux qui sentaient qu'une page brillante de la cité allait être tournée, il fut concédé que le couvent ne connaîtrait pas la mise sous scellés.

Le même soir, Savonarole reçut avec une froide dignité le chancelier qui lui apportait le résultat du vote.

— « Vous venez de la part de vos maîtres ? » lui dit-il.

— Oui.

— Eh bien ! moi, c'est aussi mon Maître que je dois consulter ! »

Et dans la cellule où il s'enferma, seul en face de sa conscience et de son Dieu, le moine indomptable, à l'exemple de Jérémie le prophète, entrevit clairement la suite de sa destinée.

Mais il ne recula point.

XII

L'APPEL À LA CHRÉTIENTÉ ET LA VAINE ORDALIE

> La dernière prédication. — Le recours aux souverains. — L'épreuve du feu.

La dernière prédication.

Abandonné des autorités sur lesquelles il s'était fondé jusqu'alors, Savonarole vit clairement le danger de sa position et voulut, dans un dernier discours — le 18 mars 1498 — la préciser nettement.

Sous une forme dialoguée qui l'aidait à maintenir éveillé l'intérêt de son auditoire, il exposa les troubles de conscience autant que les inquiétudes qui le hantaient. D'un côté, ses goûts le portaient à la retraite; de l'autre, un « démon » intérieur, au sens platonicien du mot, l'obligeait à parler. N'en fut-il pas toujours ainsi des grands inspirés?

— « O Père, faisait-il dire à ses auditeurs, nous sommes un peu scandalisés de vous voir soumettre votre décision aux hommes : si prédication ou retraite dépendent de Dieu, pourquoi leur céder?

Réponse : — Je vous ai dit que Dieu m'avait commandé de prêcher et de persévérer, mais non pas de vous accorder le salut contre votre volonté.

— O Père, vous disiez que vous ne vous reposeriez jamais et que, même la tête sur le billot, vous continueriez à prêcher... »

Insistant alors sur le fait qu'on lui fermait brutalement la bouche, l'orateur laissait entrevoir que d'autres continueraient à sa place et que, quant à lui, s'il pouvait suivre son inclination, il retournerait avec bonheur à ses chères études, quoique sa tâche fût loin d'être achevée :

« O Rome, s'écriait-il, tu verras qu'il sera difficile de détruire cet aiguillon !... O Florence, arme-toi tant que tu voudras, tu n'en seras pas moins renversée, car le Seigneur est avec moi... Ceux qui me persécutent seront détruits, les uns par l'épée, les autres par la peste. Ils seront abattus et, semblables à des fourmis. Ils seront confondus... »

Ainsi qu'on le voit, elle n'était point éteinte, cette flamme dévorante qui le consuma dès l'origine, et si l'on a pu parler à ce propos de sa « vieille fureur prophétique », il faut admettre non seulement qu'elle s'appuyait sur un incontestable courage, mais qu'elle était la source d'une chaude éloquence.

Toujours poussé par le δα'ιμων intérieur, il s'exclamait, comme pour s'en excuser : « O Esprit, tu excites les orages et les tribulations contre moi, tu déchaînes les tempêtes, arrête-toi ! Mais, a répondu l'Esprit, il n'en peut être autrement... »

C'est pourquoi, ajoutait-il, dardant ses regards de feu sur le vaste auditoire : « Il faut que je le dise, je me sens enflammé de l'Esprit de Dieu. Le verbe du Seigneur est devenu, en ce lieu, comme une flamme qui consume.

De cette obligation, à laquelle on ne résiste pas, il ne pouvait se dissimuler les périls : « Le Maître manie le marteau et, quand il en a usé pour ses fins, il ne le replace pas dans le coffre, mais il le jette au loin. C'est ainsi qu'il fit de Jérémie. Quand il l'eut employé comme il lui convenait, il le repoussa pour être lapidé... »

Ainsi, avec une clairvoyance qui rend d'autant plus grand son sacrifice, le moine qu'il entendait rester ne voyait que trop lucidement à quoi aboutirait la lutte engagée par lui :

« ... O Florence, s'écria-t-il une dernière fois, fais contre moi ce que tu voudras. Je suis monté aujourd'hui dans cette chaire pour te dire que tu ne peux point détruire mon œuvre, car c'est l'œuvre du Christ. Que je vive ou que je meure, la semence que j'ai répandue dans les cœurs du peuple n'en produira pas moins son fruit. Si mes ennemis sont assez puissants pour me chasser de ces murs, je n'en serai pas abattu, car je trouverai bien quelque lieu désert où me réfugier avec ma Bible et jouir d'un repos qu'il ne sera pas au pouvoir de tes citoyens de venir troubler... »

Fort jusqu'au bout de la vocation qui lui a été adressée, il attestera, dans ses ultimes paroles, l'infrangibilité de sa foi : « Si je me trompe, ô Christ, c'est que tu m'as trompé ! Saints du Paradis, saints innombrables, si je me trompe, c'est que vous m'avez trompé !... »

Et, sur cette poignante apostrophe, se tut la noble voix qui, si longtemps et si profondément, avait remué les foules et fait vibrer Florence.

Fait à noter, parmi ses auditeurs était un étudiant en droit,

Niccolò Machiavelli, dont l'esprit subtil et l'absence de scrupules devait faire plus tard le théoricien de toutes les ruses et de toutes les violences. Que pouvait-il, en dépit de son ironie, discerner en la personne du grand Dominicain ? Il vit en lui un *profeta disarmato*, l'un de ces prophètes désarmés que le monde accable de ses mépris. En face d'une conscience intransigeante, l'homme le plus intelligent ne saisira jamais qu'à l'intérêt certains préfèrent la vérité : c'est pourquoi Machiavel ne comprit point Savonarole. Pourtant, au sein d'une jeune république livrée à mille passions ardentes, il a pu voir l'ascendant spirituel d'un pauvre moine provoquer quasiment des miracles : la restitution des biens mal acquis, la réconciliation des ennemis jurés, et, chez nombre de citoyens, un amour immense pour leur patrie. En vérité, parmi les Italiens illustres, lequel des deux demeure le plus grand, Machiavel ou Savonarole ?

Le recours aux souverains.

Si déférentes qu'elles fussent en apparence, les déclarations du *Frate* ne pouvaient suffire à apaiser le Saint-Siège, car silence n'équivalait pas à soumission, et Rome avait saisi la nuance. D'autant qu'avec le caractère indécis et versatile qu'on lui connaît, le pontife passait par des alternatives d'indulgence et de colère dont beaucoup savaient se servir.

Au moment où la prudence aurait voulu qu'on n'appuyât pas, une lettre, que plusieurs déclarent terrible, à la fois plainte et menace, partit de Saint-Marc : « Saint Père », écrivait le Prieur, « j'ai toujours cru qu'il était du devoir d'un bon chrétien de défendre la foi et de corriger les mœurs, mais, dans ce labeur, je n'ai encouru qu'épreuves et tribulations : nul n'a voulu m'aider. J'ai espéré en Votre Sainteté, mais elle a préféré se joindre à mes ennemis et permettre à des loups féroces de me persécuter cruellement. Aucune attention n'a été accordée aux raisons que j'ai mis en avant, non pour excuser mon erreur mais pour prouver la vérité de ma doctrine, mon innocence et ma soumission à l'Église. Je ne puis plus espérer en Votre Sainteté. il faut donc m'en remettre à Celui qui choisit les choses faibles du monde pour confondre les lions méchants… »

Exprimant alors son espoir dans la vertu de son œuvre et dans le châtiment de ses persécuteurs, mais cédant à son tempérament naturel, l'auteur achevait sa missive sur cette cinglante allusion : « Je supplie Votre Sainteté de ne pas tarder davantage à pourvoir à sa santé… »

On se représente aisément ce que put, à cette lecture, ressentir Alexandre VI guetté par l'apoplexie et ne faisant rien pour l'éviter !

Les défenseurs de l'Église ont souvent reproché à Savonarole ce qu'ils appelaient son manque de mesure et donnent en exemple ce passage bien caractéristique : « Quand le pouvoir ecclésiastique est corrompu tout entier, on doit s'adresser au Christ, qui est la cause première, et dire : — Tu es mon confesseur, mon évêque et mon pape… »

Rien n'est plus cruellement démontré que l'incapacité des chefs de l'Église à réformer celle-ci et à se réformer eux-mêmes. Or, rien aussi n'est plus conforme à l'esprit de l'Évangile que d'implorer le Chef suprême et surnaturel de l'Église, lorsque son « vicaire » et ses représentants attitrés ont perdu jusqu'à la notion de leurs devoirs.

Aussi bien, en même temps qu'il morigénait vertement le souverain pontife, Savonarole crut-il pouvoir faire agir quelques-uns de ses fidèles amis et se tourner directement du côté des souverains des cinq puissances principales de l'Europe. Il leur demandait de convoquer d'urgence un concile général chargé de réformer la Catholicité.

Qu'on ne crie pas à la mégalomanie ! Ce n'était point le moine voulant jouer au réformateur, mais simplement un grand caractère qui jugeait venue l'heure d'un recours à la conscience universelle. Tous ne l'ont pas ainsi compris. Mais fut-on toujours juste à son endroit ?

A la vérité, réunir un concile était une entreprise énorme, impliquant le consentement, au moins tacite, du gouvernement de l'Église. Bien que rongée par les désordres, ébranlée par les scandales, gangrenée par le trafic des choses saintes, son armature séculaire paraissait encore solide. Pour obtenir un redressement quelconque, il fallait frapper haut.

C'est pourquoi la lettre aux souverains de France, d'Angleterre, d'Espagne, d'Autriche et de Hongrie contenait des accusations d'une extrême gravité et, plutôt que d'un avertissement respectueux, prenait la forme d'un réquisitoire implacable. D'ailleurs, s'adressant à des puissances de ce monde plus sensibles aux incertitudes qu'amène avec soi l'athéisme qu'aux désordres issus d'une inconduite avérée, le Prieur dirigeait ses foudres moins sur la vie privée du Pape que sur l'insuffisance de sa foi :

« J'atteste, *in verbo Domini* », écrivait-il, « que cet Alexandre n'est pas le Pape et ne peut être considéré comme tel, puisque, mettant à part son très grand péché de simonie (par lequel il a acheté le trône pontifical et vend journellement des bénéfices ecclésiastiques aux plus offrants) ainsi que ses autres vices manifestes, j'affirme qu'il n'est pas chrétien et qu'il ne croit pas en Dieu, ce qui met le comble à son infidélité. »

A chacun des monarques, dont il connaissait la dévotion aux règles et lois de l'Église, le champion d'une reconstruction totale voulut présenter des arguments propres à les toucher… et peut-être à les heurter.

A Charles VIII, il sut rappeler ses responsabilités de roi très chrétien : « C'est le Seigneur qui t'a élu ; c'est à toi qu'il a confié l'épée de sa vengeance. Veux-tu consentir à la ruine de la Chrétienté ?… »

A Ferdinand et Isabelle — *los Reyes catolicos* —, tout entiers à leur croisade pour chasser de l'Andalousie les derniers tenants de l'Islam, il déclarait nettement : « Qu'importe vos victoires contre les infidèles ! vous construisez à l'extérieur tandis que les fondements de l'Église sont sapés au dedans !… »

Mais la première de ces *Lettres aux Princes*, partie à fin mars à l'adresse de Charles VIII, fut saisie à la frontière par les émissaires de Ludovic le More. Elle prit aussitôt le chemin de Rome et non celui de Paris, de Vienne ou de Grenade. En possession d'un tel document, Alexandre bondit de colère.

L'épreuve du feu.

Cependant, fait étrange et particulièrement décevant, le coup le plus dur, celui qui devait être décisif, ne fut pas porté au moine intrépide par ses supérieurs mais bien par ses pairs : les Franciscains. On connaît les rivalités des deux Ordres, souvent causées par des questions de prestige ou de préséance. Jaloux de la renommée du *Frate*, un frère mendiant, Francesco da Piaga (ou di Puglia), qui avait déjà discuté avec le frère Dominique sur des points de doctrine, le mit un jour au défi de rendre témoignage à la foi de son chef en se soumettant à l'épreuve du feu.

Étranges coutumes, vraiment, que ces épreuves ou ordalies du moyen âge, où l'on jugeait de la force et de la vérité d'une doctrine par la résistance de leurs champions aux éléments destructeurs, l'« eau bouillante » ou le feu ardent! Encouragés d'abord, puis combattus par l'Église dès le XIIIe siècle, ces prétendus jugements de Dieu gardaient la faveur populaire, en sorte que, deux siècles plus tard, la superstitieuse Italie n'y avait point encore renoncé.

Déjà l'année précédente, à Prato, petite ville sujette de Florence où subsistent encore maints chefs-d'œuvre du début de la Renaissance, le frère mineur avait attaqué avec violence la doctrine du Prieur et Fra Domenico, qui s'en faisait le défenseur, s'était interposé en offrant à Di Puglia une discussion publique. Mais celui-ci, prudemment, avait eu soin de s'y dérober.

Prêchant tous deux à Florence durant le carême de 1498, les orateurs échangèrent à nouveau de religieuses provocations, car, d'une part, le Franciscain entendait atteindre ainsi la personne même de Savonarole et, d'autre part, le bouillant Dominicain déclarait vouloir prendre à son compte tous les reproches adressés au maître qu'il vénérait. Ce dernier, toutefois, manifestait son dédain pour de telles invites. — « J'ai », disait-il en pensant à sa convocation d'un concile, « une trop grosse entreprise sur les bras pour me perdre dans des disputes aussi misérables... »

Sentant qu'ils l'atteindraient au défaut de la cuirasse, ses ennemis jurés, les *Arrabbiati*, s'avisèrent d'intervenir en soutenant le singulier disciple du *Poverello* et en engageant son contradicteur à se mesurer avec lui dans ce duel verbal. Au cours d'un de leurs festins, enflammés autant par la chaleur des vins que par celle de leur haine, les Compagnacci avaient en effet décidé de pousser énergiquement à l'épreuve.

— « Si Savonarole entre dans le feu », déclaraient-ils, « il y brûlera sûrement ; s'il n'y entre pas, il perdra son crédit et c'en sera fini de lui… »

Plusieurs parlèrent même de profiter de l'occasion pour le faire disparaître. Une fois l'imagination populaire en branle, une fois les passions politiques excitées par l'annonce de la lutte, il devenait bien difficile de s'y soustraire. Ne serait-ce point encourir le reproche de lâcheté ? Savonarole blâma vivement le frère Dominique pour son imprudence mais ne put se dérober. Celui qu'on visait n'était pas un de ses lieutenants, c'était lui-même, le chef d'un mouvement qu'à tout prix il fallait abattre.

Certes, il avait de bonnes raisons pour, écarter des propositions aussi grossières : « Que mes adversaires, écrivait-il, ne s'attendent pas à ce que le feu prouve la validité de l'excommunication, mais qu'ils répondent à mes arguments… Si l'épreuve a lieu, ceux qui se sentent vraiment inspirés par Dieu sortiront sans doute intacts des flammes. Quant à moi, je me garde pour une tâche plus grande, tâche à laquelle je serai toujours prêt à donner ma vie… »

Mais, pour que de telles déclarations ne fussent pas retournées contre lui et qu'on n'insinuât pas — ce qui se produisait déjà — que la rencontre opposant Franciscains et Dominicains n'était qu'une farce entre compères, tout à coup le *Frate* prit l'offensive et demanda que le bûcher fût dressé sans délai. Pris à leur propre piège, les Franciscains blêmirent et le frère Dominique, ardemment soutenu par sa communauté, insista pour subir l'épreuve.

Outre les trois cents moines de Saint-Marc, les laïcs eux-mêmes voulurent s'y associer et les sympathies pour la cause dominicaine tournèrent à l'effervescence.

Bientôt, tout Florence fut en ébullition. Dans chaque boutique, en chaque ruelle et jusque dans les tavernes, de la Porta al Prato à celle de San Miniato, des Cascine jusqu'à Settignano, on ne parlait que de la controverse. Certains raillaient, d'autres s'indignaient. Un discoureur alla jusqu'à offrir de remplacer le feu par un baquet d'eau froide ou même d'eau tiède, prétextant, assez malicieusement, qu'un moine n'y toucherait jamais qu'à contre-cœur !... Les partis s'en mêlant, on vit les *Arrabbiati* s'obstiner et les *Frateschi* mollir. Derrière le conflit de doctrines et les rivalités de couvents surgit, hideux reptile, la discorde entre concitoyens.

Paradoxe étrange et qu'on a justement souligné, Savonarole qui, de par sa nature passionnée, avait toujours tenu à s'appuyer sur les élans, pour ne pas dire sur les passions de la foule, se voyait, par une sorte d'ironie des choses, contraint de les calmer. Il devait faire appel au bon sens plutôt qu'à l'enthousiasme. Le gouvernement lui échappait qu'il avait si longtemps dominé par son ascendant, et la masse de ses partisans, habilement travaillée par ses ennemis, demeurait hésitante. Ridiculisée d'avance par les esprits forts, blâmée par les hommes d'ordre, l'ordalie n'était désirée que par la faction qui, insidieusement, attendait d'elle, quelle qu'en fût l'issue, la ruine morale du *Frate*.

Avec finesse, Roeder a senti la nuance : « Le symptôme vraiment grave, écrit-il, c'était l'hostilité de l'opinion modérée. Savonarole avait toujours prévu que les tièdes seraient sa perte ; toute sa vie, il redouta les indifférents avec l'intuition d'une nature chez qui l'emballement est instinctif et, maintenant qu'il devait s'appuyer sur les modérés et les raisonnables, ces éléments l'abandonnaient. Ce renversement d'attitude venait, en partie des fautes de ses partisans, en partie de l'illusion sur laquelle sa carrière avait été fondée ; une violente réaction se produisit. Florence, accusée de se laisser mener par les moines, s'en irritait depuis longtemps… Le mépris inné de l'Italien moyen pour le clergé s'éveilla, et les *Arrabbiati* réussirent à persuader aux neutres, non seulement de se détacher du *Frate*, mais de le déclarer responsable, en dernier ressort, des divisions de la cité… »

Toutefois, Fra Girolamo n'était point homme à se soustraire au danger. Le braver était sa nature. Poussant donc aux préparatifs les plus impressionnants, il exigea une épreuve décisive. La Seigneurie, qui craignait des troubles, se plut à espérer que Rome interviendrait. Mais Rome n'en fit rien : elle trouvait son compte à un événement où pouvait sombrer la réputation de son redoutable accusateur.

L'épreuve avait été fixée au vendredi 7 avril, deux jours avant les Rameaux. Dès l'aube, tout Florence fut sur pied ; on affluait sur la vaste *Piazza*, à la fois forum et lieu de justice. Des hommes armés en gardaient les abords ; d'autres étaient tenus en réserve dans les cours voûtées du Vieux Palais. Chacun était fouillé et toute arme saisie. Hors d'ici les femmes ! Au diable les enfants ! Mais les expulsés prenaient leur revanche en s'installant sur les toits voisins, et l'on sait combien ceux-ci se prêtent à cet emploi. Quant aux gamins, juchés sur des statues de marbre décorant la Loggia et l'entrée du Palazzo, ou assis à l'ombre du *Marzocco*, ce lion de Donatello qui sert d'emblème à Florence, ils étaient là quand même. Toute une longue matinée, mangeant, buvant, bavardant, lançant des brocards, cette foule, mobile et vaine, savourait par anticipation le douloureux régal.

Il devait commencer au milieu de la journée. Vers midi, on vit arriver, par petits groupes bavards et nonchalants, les Franciscains, dont le champion, le frère Giuliano Rondinelli, était attendu au Palais. Peu après, du côté de la Badia et du Bargello, on entendit des chants : c'était, précédé d'une croix et conduit par Savonarole en personne, le cortège des deux cents moines de Saint-Marc qu'escortait une foule portant des cierges allumés et psalmodiant des hymnes.

Le Prieur était en chape blanche. Fra Domenico s'avançait entre ses confrères Malatesta Sacromoro et Francesco Salviati. Tous redisaient, d'une voix sonore, le psaume *Exsurgat Deus et dissipentur inimici ejus.* (Psa.68.2)

Arrivés sur la Place, ils en trouvèrent les abords fermés par des barrières et gardés par des soldats. Non sans peine, ils passèrent deux à deux, chantant toujours plus fort et, parmi les spectateurs, nombreux étaient ceux associant leurs voix à celles des religieux. Le frère Dominique, vêtu d'une chasuble couleur de feu, se fraya avec peine un passage jusqu'à la Loggia dei Lanzi, où un autel avait été élevé. Entre le *Marzocco* et le *Tetto dei Pisani*, se dressait un bûcher long d'une quarantaine de brasses. Le bois était imprégné d'huile et de matières résineuses.

On crut le moment venu. Subitement, la foule s'apaisa. Or, chose déconcertante, le Franciscain ne sortait point du Palais pour affronter le Dominicain. Que se passait-il ? Une rumeur parcourut la foule : — La robe rouge est ensorcelée !…

Aussitôt, on vit le frère Dominique quitter le portique aux grandes voûtes, pénétrer dans le Palais et en ressortir vêtu d'une simple blouse. Où donc était la magie ?

En dépit de ce geste, rien ne se produisait. Et controverses de s'engager entre partisans des deux Ordres et quolibets de s'entrecroiser sans fin.

Les moines veulent gagner du temps ! grognaient les impatients.
— Ils cherchent un prétexte ! murmuraient d'autres.

La fatigue du jour gagnait tout le monde. Dans la masse compacte, *Arrabbiati* et *Compagnacci* répandaient les bruits les plus fâcheux, tous défavorables à l'objet de leur haine. L'un d'eux, monté sur un cheval fougueux, bouscula les assistants et ne put être contenu que par la force armée.

Au lieu du brasier flambant, la multitude impatiente vit tout à coup passer des ombres dans le ciel. Un orage s'annonçait et bientôt une pluie torrentielle vint tremper tout le monde. Il en aurait fallu davantage pour disperser les impatients. Ils tinrent bon. Mais les polémiques ne firent que redoubler.

La robe écarlate abandonnée, les Franciscains exigeaient que le frère Dominique se dessaisît de la croix qu'il voulait porter sur le bûcher. Savonarole insistait pour qu'il y joignît le Saint-Sacrement.

Bon prétexte à palabres nouvelles, cette prétention fut combattue à grand renfort d'arguments théologiques par des Franciscains alangués. De plus en plus, on tournait à la logomachie et la populace désillusionnée exhalait sa mauvaise humeur. Tant et si bien que, la nuit venant, un ordre de la Seigneurie fut proclamé par le héraut :
— L'épreuve est contremandée !

Déçue, la plèbe cherche toujours à qui s'en prendre. Les Franciscains, habilement dispersés, avaient disparu jusqu'aux derniers, tandis que, groupée, la phalange des Dominicains demeurait la cible de tous les lazzi. Sous la protection d'amis restés fidèles, Savonarole et les siens purent regagner Saint-Marc où les attendaient des femmes en prières.

Mais sur Florence déconfite et murmurante planaient de lourdes nuées : dans son ciel assombri apparaissaient non seulement des ombres mais les signes avant-coureurs de l'ultime tourmente.

XIII

La passion d'un juste

> L'arrestation. — Vilenies et tortures. — Les envoyés de Rome. — Derniers instants.

Au printemps de 1496, au jour dit des Rameaux, Savonarole avait pu revivre l'heure triomphale de Jésus faisant à dos d'âne son entrée à Jérusalem. Deux ans plus tard, dans la nuit qui suivit cette fête chrétienne, commença pour lui, comme elle avait commencé pour le Maître, une marche au Calvaire.

L'arrestation.

En ce dimanche 8 avril 1498, un frère dominicain s'apprête, suivant la coutume, à gagner, dans l'après-midi, la chaire du Duomo pour rappeler aux fidèles le sens de cet anniversaire. Mais un parti de *Compagnacci* entend lui en interdire l'accès et se met à pourchasser la foule. A vive allure, ces forcenés se dirigent du côté de San Marco, ébranlant de leurs pas précipités le pavé de la *Via dei Servi* et remplissant l'air de violentes clameurs. Du couvent, les portes sont closes, car les vêpres ont pris fin. Aussitôt, sur l'église et les cloîtres, va pleuvoir une grêle de pierres.

Le frère Sylvestre, en dépit de sa rusticité, s'est montré clairvoyant ; il a prévu cette attaque. A quelques moines, il distribue des cuirasses et des casques ; à des laïcs, il passe des armes, pertuisanes, balestres, rondaches et boucliers. La résistance est promptement organisée. Mais Savonarole ne saurait l'admettre : il sait son heure venue et, s'estimant seul visé, réclame le droit d'attirer sur lui tous les courroux. — « Cette tempête est à cause de moi ! » s'écrie-t-il, en les arrêtant d'un geste. Et, pour reprendre autorité sur tous, il saisit le Saint Sacrement et conduit une procession qui va se dérouler sous les voûtes du cloître. Dans le chœur de la chapelle, hostie en main, il rappellera aux religieux agenouillés que leur seul moyen de défense doit être la prière.

L'accalmie n'est que momentanée. Sur la place, la foule gronde et s'agite. La Seigneurie, émue par l'assassinat de Francesco Valori, grand partisan du *Frate*, et décidément acquise au parti opposé, fait annoncer qu'elle donne douze heures au Prieur pour quitter à jamais Florence. Du même coup, elle enjoint aux frères et à leurs défenseurs de se disperser sur-le-champ. Bonne occasion pour les timorés : quelques-uns s'empressent de détaler. Mais d'autres reprennent piques et glaives et s'emparent de torches. Tandis que, du dehors, on cherche à mettre le feu au couvent, eux, groupés sur les toits, font rouler sur les assaillants des centaines de tuiles. A l'intérieur de l'église, où les fumées d'encens se mêlent aux premières flammes de l'incendie, Heinrich, un jeune moine allemand, installé dans la chaire, saisit une arbalète — d'autres disent une arquebuse — et la décharge en chantant. La grosse cloche de Saint-Marc, la *Piagnona*, s'est ébranlée, mettant la ville au courant du funeste combat.

Aux rebelles, de nouvelles injonctions sont encore adressées de la part du gouvernement. Mais en vain ! Comme, derechef, une attaque se prépare pour ébranler les portes, la résistance reprend du dedans et ce n'est qu'à l'instant où le feu dévore linteaux et chambranles que les plus intrépides se retranchent dans le chœur. L'Allemand, qui s'y est établi, continue de bander son arme en l'appuyant sur un crucifix. Sans aucun succès, le Prieur proteste contre cette attitude qu'il juge sacrilège.

Pour la troisième fois, l'autorité somme les moines de renoncer à la lutte. Mais le frère Dominique ne se contente pas de l'ordre verbal : il réclame un écrit. Durant ce court répit, Fra Girolamo va réunir les religieux dans la bibliothèque et leur faire ses adieux. Assurément, il s'attendait à une attaque, mais il ne l'avait prévue ni si prompte ni si brusque.

« Tout ce que je vous ai dit », répète-t-il à son troupeau fidèle, « Je le tenais de Dieu. Il m'est témoin que je ne mens pas. Voici mon dernier message : que la foi, la patience, la prière soient vos armes ! Je vous quitte, avec douleur et angoisse, pour tomber entre les mains de mes ennemis. Je sais qu'ils veulent me faire disparaître, mais je suis sûr de ceci : c'est que je puis mieux vous servir dans la mort que dans la vie. Prenez courage et embrassez la Croix... »

Puis, ayant communié, il va se recueillir. Encore à l'exemple du Maître, Savonarole devra passer par la suprême tentation : « Mon Père, s'il est possible que cette coupe s'éloigne de moi !... »

Elle viendra sous la forme d'une offre insidieuse : l'évasion que lui proposent quelques-uns. Un trouble le saisit ; quelques instants il hésite ; mais la voix d'un religieux, dont on peut à bon droit suspecter la sincérité, s'élève doucereuse :— « Le pasteur », demande le Fra Malatesta, « ne doit-il pas donner sa vie pour le troupeau ? »

Ému, et surtout abusé, le Prieur presse le faux frère sur son cœur et, passant devant le front de ses religieux, les étreint l'un après l'autre.

La nuit s'avance. Trois heures ont déjà sonné. Au dehors, les clameurs ne cessent de monter toujours plus violentes. On réclame à grands cris le *Frate* ; mais, aujourd'hui, ce n'est plus pour exalter son nom. De ces cœurs inconstants, la tourmente a balayé tout sentiment généreux.

Une nouvelle poussée s'est produite et voici Fra Girolamo dans la rue. Au milieu d'un peuple en furie, il est bousculé, soumis à d'odieuses violences ; on lui tord les bras ; au moyen d'une torche ardente, on lui brûle les doigts ; on cherche, par la flamme, à aveugler ses yeux. Et quand, enfin délivré par la garde, il est, avec Sylvestre et Dominique, entraîné vers le palais du gouvernement, la racaille, qui s'acharne après lui, mêle à ses cris les injures et les obscénités. C'est, toujours à l'exemple du Maître, la nuit du prétoire et les outrages de la foule…

Vilenies et tortures.

Lorsque parvint là-bas le bruit de ces désordres, grande à Milan comme à Rome fut la joie des Ligueurs : à Milan, parce que Ludovic voyait disparaître en Savonarole le patriote obstiné qui toujours avait empêché Florence d'entrer dans sa coalition ; à Rome, parce que le Saint-Siège voulait participer à la curée et déléguer au procès deux de ses représentants. Et, pendant que triomphaient les ennemis mortels du *Frate*, son ami, ou tout au moins son allié lointain, Charles VIII, ayant heurté du front un linteau de porte basse au château d'Amboise, était mort — coïncidence étrange — le jour même de l'épreuve du feu.

Dans la ville du Lys, le gouvernement dont Fra Girolamo a longtemps été l'inspirateur écouté veut, dès la nuit de l'arrestation, faire comparaître celui qu'il traite en coupable. On lui demande d'abord les bases de l'inspiration divine à laquelle il n'a cessé de prétendre et, comme les réponses ne suffisent pas à soutenir l'accusation, on engage de suite un procès.

Un procès! On se demande si c'est bien le nom qu'il faut appliquer à l'étrange amalgame d'interrogatoires, d'intimidations, de menaces, de faux témoignages et de savantes tortures auxquels va recourir le pouvoir séculier. Sous l'influence de Doffo Spini, chef des Compagnacci, devenu membre du Tribunal des Huit, tout sera tenté pour le convaincre de culpabilité à l'égard de l'État. Haineux et rageur, le procureur s'acharne. Ne trouvant d'autres griefs que le goût du *Frate* pour les déclarations prophétiques, il essaie vainement d'en tirer un motif de condamnation.

Tandis que, sur la place, s'entrechoquent les prétentions des partis politiques et que volent les imprécations, l'abjecte rancune va s'exaspérant de tous ceux auxquels le Frère a quelque temps imposé le joug de l'austérité. C'est à qui jettera sa pierre au malheureux dont on va cesser d'ouïr le verbe redoutable.

Outré comme à l'accoutumée, le peuple a fait pression sur le gouvernement pour qu'il active l'instruction. Les *Arrabbiati*, qui forment la majorité, ne sont que trop d'accord. Seul résiste le Conseil des Dix chargé d'exercer la justice. Aussi va-t-on le congédier sans délai: ne risquerait-il pas de se montrer impartial?

Pour donner à cette procédure — inaugurée, ô ironie des choses, le premier jour de la Semaine sainte — au moins l'apparence d'un procès judiciaire, il faudra faire intervenir un falsificateur officiel : c'est Ser Ceccone, greffier du tribunal, qui, dans la haute salle du Bargello, où siège l'étrange tribunal, n'hésite pas à déclarer cyniquement : — « Quand il n'existe pas de preuves, eh bien ! on les fabrique... »

Dès son premier interrogatoire au cours de la nuit du 8 mai — cette nuit qui fait évoquer celle où Caïphe et le Sanhédrin interrogeaient Jésus — devant une commission hâtivement formée et dans laquelle siégeaient deux chanoines officiellement mandatés, l'accusé n'avait fait que confirmer sa doctrine en tous points. A ceux qui le pressaient de faire d'autres réponses, il se bornait a répéter : — « Vous tentez le Seigneur ! »

Et comme on lui avait fait écrire de sa main toutes ses déclarations, crainte sans doute qu'elles n'attestassent son innocence elles furent intentionnellement détruites. Aucun historien, jusqu'à ce jour, n'en a retrouvé trace. On voulait faire vite afin d'éviter tout retour du peuple en faveur du *Frate*. Dans ce but, on n'aura même pas la patience d'attendre de Rome la pièce nécessaire au jugement d'un homme d'église par un tribunal civil. Alexandre VI, trop heureux d'être au plus tôt débarrassé de son implacable accusateur, n'a-t-il pas félicité la Seigneurie ? La capture de « ce fils d'iniquité qui a résisté aux ordres par la force des armes » est pour lui un triomphe.

Aussi bien, toujours selon la doctrine que la fin justifie les moyens, voit-on le chef de l'Église autoriser l'ouverture de l'enquête, « même, déclare-t-il, par la torture ». Dès lors, les Florentins n'auront plus à se gêner. Pour arracher des aveux, on emploiera ce procédé atroce, à la fois savant et raffiné, que le moyen âge a porté à sa plus haute expression.

Par infortune, insuffisamment remis du mal qui l'avait naguère affecté, épuisé par sa vie de soucis et d'incessants labeurs, le *Frate* était, physiquement en état de moindre résistance. Appliquées à un corps débile, les pratiques dont l'inquisition avait fait un art démoniaque devaient infliger à la chair meurtrie un passager triomphe. Ni l'âge, hélas! ni le rang ne protégeaient contre la « question » qu'on pratiquait en Italie sous forme de l'estrapade. A plusieurs reprises, défaillant sous la corde brusquement tendue et détendue, puis tenaillé sans répit par les menottes, le Prieur se laissa arracher des aveux que, l'instant d'après, sa conscience l'obligeait à rétracter.

Accusé d'être séducteur du peuple et d'avoir faussement prétendu à l'inspiration divine, il en vint, sous l'empire de la souffrance, à admettre, devant ceux qui le harcelaient, qu'il n'avait effectivement recouru qu'aux lumières de la raison naturelle et que son seul motif avait été sa propre gloire!... Affirmations aussi pénibles qu'insensées! Mais on s'en emparait aussitôt pour présenter comme imposteur celui qui, de la foule naguère conquise, s'était fait le guide inspiré.

Satisfaits d'avoir ainsi déconsidéré un si grand caractère, vivant reproche pour leur propre bassesse, pis que cela, ravis de faire — ils le croyaient du moins — de ce saint un vulgaire charlatan, ses juges (on ferait mieux de dire ses bourreaux) l'obligent à signer le texte des prétendus aveux, encore qu'il eût maintes fois protesté contre des interprétations ou des formules perfidement manipulées. Vilenie nouvelle : ce texte, lu devant le Grand Conseil, fut signé par cinq Dominicains, qui, consternés des paroles ainsi rapportées, ne surent pas en discerner la fausseté et répudièrent ouvertement leur maître… Il est vrai que parmi eux se trouvait le « frère » Malatesta Sacromoro, qui, lors de l'assaut de Saint-Marc, avait donné, comme on sait, les preuves de sa duplicité.

A tout cela, comme avait fait son Maître, Jérôme n'opposait qu'une prière : — Seigneur, pardonne-leur, ils ne savent ce qu'ils font !…

Après chaque séance de l'instruction, après chaque opération de torture, le *Frate*, logé dans l'*Alberghettino*, la plus haute cellule du Palais Vieux, devait gravir péniblement les trois cents marches du beffroi. C'est le cœur serré que l'on suit encore aujourd'hui cet étroit escalier doté de soupiraux par où pénètre un jour incertain. Dans la cellule voûtée, à la porte doublement ferrée, une fenêtre — presque une meurtrière — donne sur l'Arno et permet d'entrevoir, au delà du fleuve, la colline ensoleillée de San Miniato. On aperçoit de là un coin de la Piazza et, plus loin, la terrasse et le beffroi du Bargello, tribunal et prison où l'on appliquait la torture. Lorsqu'il put, en se penchant, contempler l'ingrate cité, de quelle indicible douleur l'homme ainsi déchiré dans son âme et dans sa chair ne dut-il pas sentir le poids ?…

Après une première quinzaine où s'étaient succédé interrogatoires, tortures et un second procès abandonné trois jours plus tard, le malheureux demeura confiné près d'un mois dans sa froide cellule. Couché sur le sol dur, sans paille, les ceps aux pieds, les chaînes aux mains, il avait le bras gauche brisé. Sa faiblesse était telle qu'on devait le nourrir comme un enfant. Réagissant sur le moral, cette débilité physique le laissait profondément accablé.

C'est cependant au cours de ces souffrances — ces trente jours, trente nuits au désert — qu'il eut encore le courage d'affirmer sa foi dans un commentaire du psaume *Miserere* (Psaume 50 dans la Vulgate, 51 dans les Bibles protestantes). La douleur du psalmiste était sienne, mais ses accents d'indicible espérance demeuraient le réconfort suprême. On ne peut relire cette paraphrase du texte sacré sans être saisi d'admiration pour la profondeur, l'humilité, la foi triomphante de l'être qui l'a tracée d'une main fiévreuse et tremblante. A l'exemple de Luther — qui le fit en allemand, en 1523 —, l'abbé Charles Journet l'a récemment traduite en une langue ferme et précise que l'on est heureux de faire entendre ici. Dès le verset 13, ainsi rendu dans nos versions : « Ne me rejette pas loin de ta face », on voit ce texte prendre un accent si direct que tout le drame de Florence semble calqué sur celui qu'a vécu l'auteur du psaume :

« ... Malheureux que je suis, abandonné de tous, ayant offensé le ciel et la terre, où irai-je ? Où me tourner ? Vers qui me réfugier ? Qui me prendra en pitié ? Lever les yeux vers le ciel, je n'ose, car j'ai péché gravement contre lui. De refuge sur la terre, je n'en trouve pas car je suis pour elle un scandale. Que ferai-je donc ? je désespérerai ? Oh ! non. La miséricorde est en Dieu, la pitié est dans mon Sauveur. Dieu seul est mon refuge, il ne méprisera pas l'œuvre de ses mains, il ne repoussera pas son image... »

Cette longue et pénétrante méditation montre à quel point celui qui avait inauguré son apostolat comme lecteur des novices était un familier des Écritures et combien son ministère en fut toujours pénétré.

« ... Ne me rejetez donc pas loin de votre face, Seigneur, alors que je suis jour et nuit devant vous en pleurs et en sanglots, pour demander, non que vous délivriez mon corps de l'oppression du démon, mais que vous arrachiez mon âme à son emprise spirituelle. Ne me confondez pas, ô bon Jésus, car j'espère en vous seul ; il n'y a pour moi de salut qu'en vous. Tous m'ont abandonné : mes frères me renient, mes fils me maudissent. Je n'ai d'autre secours que vous-même. Ne me rejetez donc pas loin de votre face… Ne m'enlevez donc pas votre Esprit saint ; qu'il m'enseigne à prier, qu'il me secoure dans mes épreuves, qu'il me fasse persister dans mes supplications et mes larmes, pour qu'enfin je trouve grâce devant vous et vous serve tous les jours de ma vie… »

Puis, le regard du condamné se porte de son propre état de détresse à celui de l'Église, mais pour saluer un renouveau prochain : « Alors l'Église refleurira, elle dilatera ses frontières, votre louange résonnera jusqu'aux extrémités de la terre, votre joie et votre allégresse rempliront l'univers ; les saints exulteront dans la gloire, ils tressailleront de joie sur leur couche, en nous attendant dans la terre des vivants. O Seigneur, je vous supplie, que cet alors devienne pour moi un maintenant ! …

A peine achevée la paraphrase du Miserere (c'était le 8 mai), l'opiniâtre commentateur s'attaqua au psaume 30, *In Te Domine speravi*, avec une ardeur d'autant plus émouvante qu'il ne pouvait nourrir aucun espoir sur l'issue du procès. Ainsi que précédemment, la tonalité du début est sombre : comment pourrait-il en être autrement ?

« La tristesse m'entoure, elle m'assiège de sa vaste et puissante armée, elle occupe mon cœur, elle ne cesse de lever jour et nuit contre moi ses clameurs et ses machines (*sic*). Mes amis ont passé dans son camp, ils sont devenus mes ennemis. Tout ce que je vois, tout ce que j'entends m'arrive sous la bannière de la tristesse. Le nom de mes amis m'assombrit, la pensée de mes fils me désole, l'image de mon cloître et de ma cellule m'oppresse, le souvenir de mes occupations me blesse, la mémoire de mes péchés m'écrase. Comme les choses douces paraissent amères à qui a la fièvre, ainsi tout se change en amertume et en tristesse, quel lourd fardeau sur mon cœur !... »

Mais, comme chez l'Augustin d'Erfurt quelques années plus tard, ce qui écrase ce moine assoiffé de perfection, ce n'est pas l'effroi de la souffrance, c'est le sentiment du péché : «... Ma plus grande tribulation, ce sont mes péchés, et devant elle tous les autres disparaissent. Ôtez-moi mes péchés, Seigneur, et me voilà exempt de toute tribulation... »

Or, chose admirable, après bien des angoisses que motive l'entrée prochaine dans la sombre vallée, c'est encore un cri d'espoir qui retentit ici : «... Alors, me souvenant des recommandations de ma mère, et bien qu'ébranlé dans mon cœur, je me mis debout sur mes pieds et je levai les yeux vers le ciel, pour que vint le secours. Et voici que, le visage souriant, environnée de splendeurs célestes, l'espérance descendit des hauteurs... — N'as-tu pas, dit-elle, entendu la parole du Seigneur : « Au jour où le pécheur se repentira, de toutes les transgressions qu'il aura commises je ne me souviendrai plus... »

Puis la vision prend fin sur cette ferme assurance : «... A ces mots, mon cœur fut tellement consolé que, ne pouvant plus retenir ma joie, je commençai de chanter : — Le Seigneur est ma lumière et mon salut, qui craindrais-je ? Le Seigneur est le protecteur de ma vie, de qui aurais-je peur ? Et, me jetant en larmes à ses pieds, j'ajoutai : O Seigneur, quand ils dresseraient contre moi leurs camps, mon cœur ne serait pas ébranlé, car vous êtes ma force et mon refuge, et, à cause de votre nom, vous me conduirez et me nourrirez… »

Les envoyés de Rome.

Qu'attendait-on encore pour prononcer un jugement ? Tout simplement l'arrivée des commissaires pontificaux, car les griefs d'ordre politique et moral ne justifiaient pas une condamnation. Or, cette condamnation sans appel, c'était sur le terrain religieux que Rome avait à l'établir.

Le 19 mai, on vit arriver à cheval le général des Dominicains, Gioacchino Turriano, qui, jadis ami du Prieur, devait couvrir, de ce qu'on appelle son autorité, le messager du pape. Celui-ci, François Romolino, évêque d'Herda, Espagnol implacable, savait pertinemment en quoi consistait sa mission.

Aux cris de la foule massée aux portes de Florence pour les accueillir tous deux :

— « Mort au *Frate* ! » Romolino répondit avec une joie féroce :

— « Il mourra ! »

Et, d'un geste, il montrait sa poche : — « Ici est la sentence ! Nous aurons un magnifique bûcher !… » Telle était la justice des clercs : attaquer Rome, autant dire adieu à la vie !

Dès le lendemain, devant l'envoyé du Pape, reprirent toutes les opérations de torture. Sur la roue où on le suppliciait, Savonarole fut sommé d'avouer ses relations avec le cardinal de Naples et d'autres dignitaires influents que le Saint-Siège entendait compromettre. L'aveu fut obtenu d'une chair pantelante. Mais ensuite, les yeux pleins de larmes et dans l'humiliation la plus grande, Fra Girolamo se rétracta. Le nouveau procès dura trois jours et n'aboutit à rien.

Moins affaibli que son supérieur, le frère Dominique, également mis à la torture, refusa d'avouer quoi que ce soit. Le frère Sylvestre, au contraire, ne put résister et renia son maître. D'ailleurs, quel que dût être le résultat de ces pressions, leur affaire était claire : tous trois devaient être condamnés. Bientôt, ils entendirent de la bouche de Romolino l'inexorable verdict : — « A tous, la potence ! »

Sylvestre se répandit en protestations d'innocence. Dominique témoigna de l'ardeur du martyre. Savonarole seul, tout brisé qu'il fût, écouta le jugement sans mot dire. Jamais ne fut plus vrai ce qu'a dit le poète :

... Seul le silence est grand.

Dans un dernier entretien, les deux compagnons de misère (dont l'un, Dominique, avait réclamé le bûcher pour que, disait-il, « la gloire en fût plus manifeste ») écoutèrent les suprêmes recommandations de leur chef :

— « Il ne nous appartient pas, leur dit-il, de choisir la mort que nous désirons. Savons-nous comment nous l'endurerons ? Cela dépend de la grâce du Seigneur. »

Et, se tournant vers Sylvestre, il ajouta : — « Suis l'exemple de Jésus-Christ qui, même sur la croix, ne voulut point défendre son innocence. »

Puis il leur donna sa bénédiction.

Derniers instants.

Un adoucissement toutefois devait être accordé à la victime de tant d'iniquités : il vint d'un homme de cœur, Jacopo Niccolini, lequel, affectueux aux heures paisibles, fut aussi l'un de ses rares fidèles à l'instant de l'épreuve.

C'est la tête appuyée sur l'épaule de ce disciple que, dans la sombre cellule du Palazzo, Savonarole, rompu de fatigue, passa sa dernière nuit. De la Piazza toute proche où aurait lieu le supplice, montait le bruit des préparatifs : coups de maillet sur les planches de la plateforme dressée non loin du palais, grincement des chars apportant la paille et le bois du bûcher, vociférations et clameurs de la populace impatiente, tout donnait à cette veille de martyre une indicible cruauté.

Accablé sous le faix de tant d'injustices, le condamné s'était pourtant assoupi. Aux premières lueurs de l'aube, qui, là-bas, vers le levant, dore la crête des collines, le compagnon du maître crut voir un léger sourire passer sur son visage émacié : c'était l'assurance du calme retrouvé. Le clair matin, strié de vols d'hirondelles et vibrant de leurs cris, se levait sur Florence et lui versait sa paix. C'était la grâce qu'il avait sollicitée…

Après avoir prié et communié avec son compagnon, Savonarole fut réuni à Dominique et Sylvestre et, dans la chapelle du Palazzo, éleva son âme en confessant sa foi :

« Seigneur, je sais que vous êtes ce vrai Dieu qui a créé le monde et la nature humaine. Vous êtes cette Trinité parfaite… Vous êtes ce Verbe éternel, qui est descendu du ciel sur la terre… Vous êtes monté sur le bois de la croix afin de répandre votre précieux sang pour nous, misérables pécheurs.

Je vous supplie, ô mon Consolateur, qu'un sang si précieux n'ait pas été répandu pour moi en vain : qu'il soit la rémission de tous mes péchés dont je vous demande pardon… Je vous demande aussi pardon de toutes mes offenses contre cette cité et contre ce peuple en matière spirituelle et temporelle ; et encore de toutes les erreurs que j'ai pu commettre sans, le savoir. Et humblement, à toutes les personnes qui sont ici présentes, je demande pardon ; qu'elles veuillent bien prier Dieu pour moi, afin qu'il me donne la force au dernier moment, et que, sur moi, l'ennemi ne l'emporte pas… »

La porte s'ouvrit. Des hommes d'armes étaient là. Sans une parole, Savonarole se leva et les suivit, plongé dans ses pensées.

Le seuil du *Palazzo* franchi, son regard put s'étendre à la place de la Seigneurie noire de monde. A toutes les fenêtres d'alentour, sur tous les toits, hommes et femmes se pressaient. En cette veille d'Ascension, Florence, avide de spectacles, entendait s'en offrir un qui fût de choix. Tous les partisans des Médicis, tous les proscrits rentrés à la faveur des événements étaient là pour applaudir à la fin du prophète.

Son calme et sa ferme démarche imposèrent à la foule. Un grand silence se fit, solennel, effrayant. Sur le perron élevé qu'encadraient des statues de païenne apparence, un autel était dressé. Près de lui, se tenaient Pagagnotti, évêque de Vaison, et son coadjuteur, tous deux récemment arrivés de Rome. Lorsque approchèrent Sylvestre, qui tremblait un peu, et Dominique, qui semblait marcher à une fête, puis leur chef, impressionnant de dignité, l'ordre fut donné de leur enlever à tous trois leurs blancs manteaux de Dominicains. Savonarole pâlit un instant, mais, se rappelant le maître auquel on avait aussi arraché sa tunique, il laissa tomber la sienne en prononçant ces mots :

— « Sainte robe, avec quel bonheur je t'ai longtemps portée ! Tu m'as été donnée par la grâce de Dieu et je t'ai conservée sans tache. A cette heure, ce n'est pas moi qui t'abandonne : on me dépouille de toi... »

Le saisissant par la main, mais troublé par une telle fermeté, l'évêque de Vaison s'empêtra dans le texte rituel :

— « Separo te, je te sépare », déclara-t-il, emphatique, « de l'Église militante et triomphante. »

Aussitôt, avec cette autorité qui toujours fit trembler les foules, la voix du *Frate* rectifia d'un trait :

— « De l'Église militante, soit, mais de l'Église triomphante, non, cela n'est pas en ton pouvoir ! Hoc enim tuum non est... »

L'évêque, debout devant cet homme à genoux, eut conscience de sa faiblesse :

— « Amen ! » murmura-t-il, « et puisse Dieu te conduire ! ... »

Suivant le cérémonial, dont on ne connaissait que trop l'usage, la seconde station de ce chemin de croix était une comparution devant le tribunal ecclésiastique présidé par les envoyés de Rome. Sec et tranchant tomba l'arrêt :

— « Vous êtes condamnés comme hérétiques, schismatiques et contempteurs de la Sainte Église. »

Puis, en vertu de cette autre fiction suivant laquelle la dite Église a horreur du sang, les condamnés furent, pour la dernière étape, livrés au bras séculier qui seul a droit de vie et de mort. A ce moment se relevèrent les trois Dominicains auxquels on avait lié les mains. On vit alors des moines portant cagoule noire encadrer chacun d'eux et, après avoir arraché leurs derniers vêtements, sauf la chemise, les conduire par une passerelle de planches jusqu'à la potence qui précédait le bûcher dressé au milieu de la place.

Dominique, d'une voix forte, qu'on voulut aussitôt étouffer, entonna un *Te Deum*. Savonarole, impassible, avança d'un pas ferme. Un spectateur lui murmura des paroles de sympathie :

— « Dieu seul », répondit gravement le Prieur, « peut consoler un homme à son heure dernière. »

Et, comme dans la foule, un autre lui posait cette question :

— « Comment peux-tu supporter ce martyre ? » la réponse fut comme lointaine :

— « Le Christ a tant souffert pour moi !... »

Sylvestre mourut le premier, répétant la parole du Crucifié :

— « Père, je remets mon esprit entre tes mains. »

Dominique, n'ayant cessé de chanter, passa dans l'autre vie, un cantique sur les lèvres. Au milieu d'un silence oppressant, vint alors, suprême victime, celui qu'on avait appelé jusqu'ici le Maître de Florence. Au moment où le bourreau lui passait le nœud fatal, une voix cruelle s'éleva sur la place :

— « Hé, prophète, voici le moment d'accomplir un miracle ! »

Ce fut la dernière vilenie qu'entendit le martyr. Hissé au sommet de la potence qui, ô scandale, avait la forme d'une croix, il fut précipité dans le vide. Une secousse, la convulsion d'un corps rompu, et ce fut tout... Une âme immortelle venait de se joindre aux célestes cohortes.

Après quoi, l'on put mettre le feu au bûcher qui ne dévora plus que des cadavres. On put, le soir venu, porter à l'Arno les cendres des trois suppliciés, pour effacer, croyait-on, jusqu'au souvenir d'un être trop pur et trop grand pour son siècle. On s'imagina qu'en persécutant ses fidèles, en interdisant ses écrits, en maudissant jusqu'à son nom, on effacerait ses traces. On eut l'illusion qu'ainsi l'Église, un instant troublée par sa parole, maintiendrait dans une absolue fixité sa puissance immuable. Illusions et funeste leurre!

Muette pour un temps, la grande voix du *Frate* n'a cessé de retentir à travers les siècles. Rayé des registres officiels, son nom cependant est gravé sur la plaque d'airain qui, au centre de la *Piazza*, marque aujourd'hui l'emplacement d'un bûcher d'injustice. Et cette Église, qu'il voulut forte et droite, a subi le châtiment de sa résistance aux appels de ses meilleurs enfants. Trente ans après le martyre du 23 mai 1498, elle a connu le schisme fatal; la tunique qu'on croyait sans couture s'est brusquement déchirée. Et la Chrétienté ne retrouvera son unité perdue qu'en revenant, humble et contrite, à la seule parole de Dieu chère au prieur de Saint-Marc.

Table des matières

Avant-Propos	1
I. Seul au milieu des hommes	5
II. Les sept années au désert	15
III. Florence au temps des Médicis	27
IV. La communauté de saint-Marc	41
V. Moine et tyran	54
VI. Épurations nécessaires	66
VII. Prieur et roi de France	80
VIII. Le réformateur de L'État	96
IX. Le Christ roi de Florence	114
X. Le flot montant des rancunes et des haines	132

XI. L'hostilité du pape et des clercs   149

XII. L'appel à la chrétienté et la vaine ordalie   169

XIII. La passion d'un juste   183